씨 카약 투어링

발행일   2022년 1월 5일

지은이   홍덕곤
펴낸이   손형국
펴낸곳   (주)북랩
편집인   선일영   **편집**   정두철, 배진용, 김현아, 박준, 장하영
디자인   이현수, 한수희, 허지혜, 안유경   **제작**   박기성, 황동현, 구성우, 권태련
마케팅   김회란, 박진관
출판등록 2004. 12. 1(제2012-000051호)
주소   서울특별시 금천구 가산디지털 1로 168, 우림라이온스밸리 B동 B113~114호, C동 B101호
홈페이지 www.book.co.kr
전화번호 (02)2026-5777   **팩스**   (02)2026-5747

ISBN   979-11-6836-101-0 03690 (종이책)   979-11-6836-102-7 05690 (전자책)

(주)북랩 성공출판의 파트너
북랩 홈페이지와 패밀리 사이트에서 다양한 출판 솔루션을 만나 보세요!

홈페이지 book.co.kr   •   **블로그** blog.naver.com/essaybook   •   **출판문의** book@book.co.kr

작가 연락처 문의 ▶ ask.book.co.kr

작가 연락처는 개인정보이므로 북랩에서 알려드릴 수 없습니다.

바 다 위 최 고 의 생 활 스 포 츠

SEA
KAYAK
TOURING

씨 카약 투어링

홍덕곤 지음

북랩 **book** Lab

머리말

유럽이나 북미를 여행하다 보면 바다나 강에서 세일sail(돛)을 펼친 조그마한 딩기요트dinghy yacht나 노를 저어 움직이는 카약kayak, 카누canoe를 즐기는 생활스포츠인들을 흔히 볼 수 있다.

우리나라는 3면이 바다이고 도시를 가로지르는 강과 호수가 많아 자연조건이 우수하다. 뿐만 아니라 1인당 국민소득도 3만 달러가 넘어, 해양스포츠가 발달할 수 있는 사회적 역량은 충분하다. 그러나 물은 위험한 것이라는 사람들의 전통적인 인식, 수상레저활동에 위험 요소가 될 수 있는 어구와 어장의 산재, 레저용 배를 보관하거나 해수면에 띄울 수 있는 선착장의 부족 등으로 해양스포츠 인구는 상대적으로 적은 것이 현실이다.

제도적 측면에서도 여전히 각종 수상레저활동 금지구역과 해양레저활동 금지수역水域을 지정해 운영하고 있다. 카약킹kayaking과 세일링sailing은 무동력 스포츠인데도 불구하고 말이다. 바다는 특정 그룹의 점유물이 아니라 국민 모두의 자산이므로, 선진국 수준에 맞는 다양한 해양스포츠 발전을 위해 해양 당국의 인식 전환과 관심이 필요한 시점이라 하겠다.

카약킹의 매력은 매연을 뿜는 내연기관의 도움 없이 인간의 순수한 패들링paddling만으로 바다와 강을 가까이 접할 수 있다는 것이다. 자연에 순응하면서 겸손한 마음으로 카약킹을 즐긴다면 건강한 신체를 얻는 것과 더불어 아름다운 해안가의 절경, 해안 도시의 풍경을 맛볼 수 있다. 비슷한 해양스포츠인 세일링 요트와 비교한다면 혼자서도 운항할 수 있으며, 보관 및 유지 관리가 상대적으로 편리하다는 장점이 있다 하겠다.

필자가 처음 카약킹에 입문했을 때, 생소한 전문 용어의 장벽과, 카약의 기술적 원리에 대해 한글로 쓴 참고서의 부재로 어려움을 겪었다. 이에 카약에 입문하려는 초심자에게 조금이나마 도움이 되고자 그동안 공부하고 메모한 자료를 정리해 출간하게 되었다. 필자가 선수 수준의 전문가는 아니므로 기술적 완성도는 다소 떨어질 수 있음을 감안해 주시길 바란다. 아무쪼록 이 책으로 말미암아 많은 카약 동호인들이 새로이 생기고 카약킹이 생활스포츠로 자리매김했으면 한다.

그리고 원고 작성에 많은 조언과 도움을 주신 부산 송정의 낭만카약커 클럽하우스 지기 김성진(닉네임 릴렉스) 님과 회원분들에게 깊은 감사를 드린다.

홍덕곤

목차

본 책은 카약 동호회 선후배들의 일반적인 경험과 지식을 바탕으로, 씨 카약Sea Kayak을 즐기려는 입문자가 참고할 수 있도록 작성한 것이다. 내용 중 개인에 따라 의견이 다른 부분이 있을 수 있으며, 카약킹 시의 안전 관리는 본인의 책임하에 이루어져야 한다.

카약의 유래

카약은 북극해 연안의 그린랜드와 알래스카 지역에 거주하던 에스키모인들이 나무 골조를 엮고 외피로 동물 가죽을 덮어씌워 만든 사냥이나 낚시용 초소형 보트다.

현대에 들어 해양스포츠가 발달한 영국에서 에스키모들이 사용하던 보트를 개량해 타고 다니다가 스포츠로 발전했고, 종류는 급류용(Whitewater), 항해용(Touring), 폴로형(Polo)과 정수용(Flatwater) 등이 있다.

무엇보다 카약의 매력은 연료를 태워 동력을 만드는 엔진없이 순수 인력만으로 바다, 강을 가까이 접할 수 있다는 것이다. 또한 보관 및 유지 관리가 상대적으로 용이한 점이 장점이다.

국내에서는 1983년 카약과 유사한 대한카누연맹이 설립되었고, 2009년에 들어서야 본격적으로 카약 동호회가 결성되었다.

현재 '더키타는사람들', '서울카약클럽' 및 부산의 '낭만카약커' 등 여러 동호회에서 2만 6,000여 명이 활동하고 있지만 물에서 하는 위험한 해양스포츠라는 인식 때문인지 아직 대중화는 덜 되어 있다. 유럽 및 북미 등에서는 카약이 학교 교과과정으로 채택되어 있을 뿐만 아니라 생활스포츠로 자리매김해 많은 동호인과 개인들이 카약을 소유하고 있다.

본 책에서는 카약에 입문하려는 사람들에게 도움이 되고자 투어링용 씨 카약을 다루고자 한다.

〈카약의 유형〉

	급류용 길이 3.3m, 폭 0.6m
	프리스타일 길이 2.5m, 폭 0.6m
	슬라롬 길이 4m, 폭 0.6m
	폴로 길이 3m, 폭 0.5m
	스프린트 K-1 길이 5.2m, 폭 0.5m
	투어링용 길이 5.1m, 폭 0.5m

카약킹 시의 법적 규제

1. 「수상레저안전법」

수상레저안전법령에서 카약은 "수상레저기구"로 정의되고 카약킹은 "수상레저활동"에 속하므로 카약커는 '수상레저활동자'가 된다. 다른 수상레저기구에 비해 카약은 동력이 없어 모터 보트, 수상오토바이 등과 달리 조종면허 없이 운항할 수 있다.

카약으로 수상레저활동을 하는 사람은 「수상레저안전법」에서 정하는 규제를 준수해야 한다. 이를 위반하면 과태료가 부과될 수 있다.

① 안전장비의 착용(제17조)
수상레저활동 시에는 라이프재킷life jacket을 착용해야 한다. 급류 카약의 경우에는 헬멧도 필요하다.

② 운항규칙의 준수(제18조)

수상레저기구는 「수상레저안전법 시행령」 별표 7에 따라 태풍, 풍랑 및 강풍 등 풍랑주의보 이상의 특보가 발효된 구역에서의 운항 금지 등 운항규칙을 준수해야 한다. 세부적인 운항규칙은 본 책의 '부록 1' 을 참조한다.

③ 원거리 수상레저활동의 신고(제19조)

출발항으로부터 10해리 이상 떨어진 곳에서 수상레저활동을 하려 는 사람은 관할 해양경찰관서에 신고해야 한다(단, 안전 관리 선박의 동 행 또는 선단을 구성한 경우에 한함).

④ 야간 수상레저활동의 금지(제21조)

해 진 후 30분부터 해뜨기 전 30분까지는 수상레저활동 금지가 원 칙이다. 다만, 야간 운항장비[1]를 갖춘 경우에는 그렇지 않다.

⑤ 정원초과의 금지(제24조)

최초 제작 시 지정된 인원을 기준으로 사람의 승선에 할당된 장소 에 해당하는 인원으로 한정한다.

---

1 항해등, 나침반, 야간 조난신호장비, 통신기기, 전등, 구명튜브, 소화기, 자기점화등, 위성항법장치, 등燈이 부착된 구명조끼

⑥ 금지구역에서의 수상레저활동 금지(제25조)

수상레저활동의 안전을 위해 필요하다고 인정하는 때에는 해양경찰서장 또는 시장·군수·구청장이 수상레저활동 금지구역을 지정하며, 누구든지 금지구역으로 지정된 구역 안에서 수상레저활동을 해서는 안된다.

특히, 여름철 전국의 해수욕장은 수상레저활동 금지구역으로 고시되므로 해당 해수욕장별 안전수역 및 수상레저활동 금지구역을 확인해야 한다.

수상레저활동 금지구역은 전국 해수욕장, 유원지, 수로, 수문, 수중방파제, NLL, 수중암초, 활주로, 사격장 등 189여 개에 달하며, 세부사항은 부록 2를 참조하기 바란다.

음주 카약킹의 벌칙은?

수상레저안전법을 살펴보면 수상레저활동 시 술에 취한 상태에서 동력수상레저기구의 조종을 엄격히 금지하고 있다. 적발되면 조종면허의 정지는 물론 1년 이하의 징역 또는 1,000만 원 이하의 벌금이 부과된다. 이 법에서 규정하고 있는 술에 취한 상태란 혈중알코올농도 0.03퍼센트 이상을 말한다. 따라서 카약은 동력수상레저기구가 아니므로 수상레저안전법 제13조(조종면허의 취소·정지), 제22조(주취 중의 조종금지)와 제56조(벌칙)의 규제 대상은 아니다.

그러나 법령상 규제 여부를 떠나서 술에 취한 상태에서의 운항은 매우 위험하다. 모든 카약커는 본인과 동료 카약커의 안전을 위해 음주 상태에서의 운항은 절대 하지 말아야 한다.

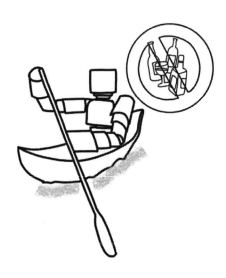

2. 「해사안전법」

전국 해상에는 관할 해양경찰서장이 정해 고시한 항만의 수역이나 어항의 수역이 있다. 해사안전법령에서는 해상교통의 안전을 위해 항만의 수역 및 어항의 수역에서의 카약킹 등 수상레저활동을 해상교통 장애행위로 규정하고 필요시 해양레저활동 허가를 받아 운항하도록 규정하고 있다.

다만, 수상레저기구가 항만의 수역이나 어항의 수역을 통과하기 위해 침로나 속력의 급격한 변경 없이 다른 선박의 항행안전을 저해하지 않는다면 해상교통장애행위에서 제외된다.

카약은 인력으로 운항하므로 급격한 침로나 속력의 변경이 없다. 그러나 주변에 통항하는 다른 선박이 없더라도 어구 또는 어장이 있는 어항의 수역을 통과하는 경우 어민들로부터 신고되어 해양경찰 순찰정으로부터 단속될 수 있으니 주의해야 한다.

① 해상교통장애행위의 제한(제34조제3항)

누구든지 항만의 수역 또는 어항의 수역 중 대통령령으로 정하는 수역[2]에서는 해상교통의 안전에 장애가 되는 스킨다이빙, 스쿠버다이

---

2 관할 해양경찰서장이 정해 고시하는 수역을 말한다.

빙, 윈드서핑 등 대통령령으로 정하는 행위[3]를 해서는 안 된다.

② 해양레저활동의 허가(제34조제3항 단서)

항만의 수역 또는 어항의 수역에서 해당 해양레저활동이 해상교통 안전에 장애가 되지 아니한다고 인정을 받으려면 관할 해양경찰서장 의 허가를 받아야 한다.

---

3 「수상레저안전법」 제2조제1호에 따른 수상레저활동, 「수중레저활동의 안전 및 활성화 등에 관한 법률」 제2조제2호에 따른 수중레저활동, 「마리나항만의 조성 및 관리 등에 관한 법률」 제2조제3호에 따른 마리나선박을 이용한 유람, 스포츠 또는 여가행위, 「유선 및 도선 사업법」 제2조제1호에 따른 유선사업에 사용되는 선박을 이용한 고기잡이, 관광 또는 그 밖의 유락 행위.

3. 「도로교통법」

카약킹을 위해 물가로 운반하려면 자동차를 이용할 것이다. 카약은 도로교통법상 화물에 속하므로 운전자는 안전기준을 준수해서 운반해야 하며, 이를 위반할 경우 벌금 등의 처벌을 받을 수 있다.

① 모든 자동차 운전자의 화물운반 안전기준(제39조제3항)

승용차, 화물자동차 등 모든 운전자는 운전 중 실은 화물이 떨어지지 아니하도록 덮개를 씌우거나 묶는 등 확실하게 고정될 수 있도록 필요한 조치를 취해야 한다.

② 화물자동차 운전자의 화물운반 안전기준(제39조제1항)

화물자동차의 운전자는 상기 ①의 안전기준과 더불어 아래와 같이 대통령령이 정하는 화물의 길이, 너비 및 높이 제한이 추가 된다.

- 길이: 자동차 길이에 그 길이의 10분의 1을 더한 길이
- 너비: 자동차의 후사경으로 뒤쪽을 확인할 수 있는 범위의 너비
- 높이: 화물자동차는 지상으로부터 4m

만약, 길이가 긴 화물은 관할 경찰서장으로부터 허가를 받아 운행할 수 있으며 이 경우 화물 끝에 빨간 헝겊 표지를 달아야 한다.

카약의 구조

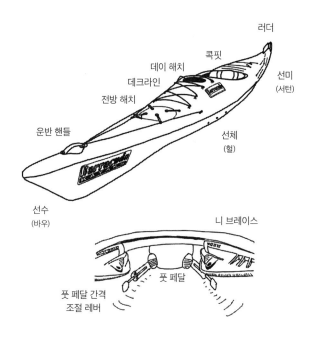

러더

콕핏

데이 해치

데크라인

전방 해치

선미
(서턴)

운반 핸들

선체
(헐)

선수
(바우)

니 브레이스

풋 페달

풋 페달 간격
조절 레버

　　씨 카약은 강이나 호수용 내수면 카약보다 파도에 강하고 직진성이 우수한 길이가 5m가 넘는 모델이 대부분이다. 소재는 가벼운 아라미드 섬유 계열의 케브라Kevlar, 탄소섬유carbon fiber 및 유리섬유glass fiber 등 복합소재가 있으며 다소 무겁고 속도가 느리지만 해안가의 바위, 돌 등 충격에 강한 고밀도 플라스틱 소재의 폴리에틸렌PE, ABS 수지 카약 등이 있다.

부속 장비

1. 패들Paddle

패들은 카약의 추진력을 얻는 장비로서 패들 샤프트와 블레이드로 구성되어 있다. 종류는 레이싱용 하이앵글 패들과 장거리 투어링에 적합한 로우앵글 패들 등이 있다.

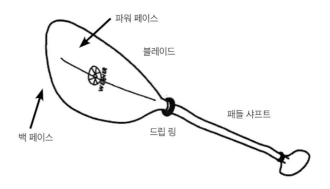

파워 페이스

블레이드

패들 샤프트

드립 링

백 페이스

하이앵글 패들High angle paddle
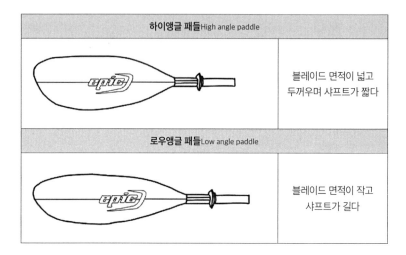

(하이앵글 패들 그림)	블레이드 면적이 넓고 두꺼우며 샤프트가 짧다
로우앵글 패들Low angle paddle	
(로우앵글 패들 그림)	블레이드 면적이 작고 샤프트가 길다

2. 복장

체온을 보호하기 위한 네오프렌 소재의 바지 및 상의, 수상용 신발, 패들 장갑, 우천 및 바람을 막을 수 있는 방풍재킷 그리고 강렬한 햇빛으로부터 피부를 보호할 수 있는 모자 등이 있다. 추운 날씨에는 드라이 슈트나 세미 드라이 슈트를 추가할 것을 권한다.

3. 라이프재킷life jacket, PFD: Personal flotation device

바람과 거친 파도가 일렁이는 넓은 바다에서는 카약커의 수영 실력
과는 별개로 비상시 구조될 때까지 바다에 떠있을 수 있도록 도와주
는 라이프재킷 착용은 필수다.

카약커의 체중과 신체 사이즈를 고려해 적절한 부력을 가지고 있는
승인받은 카약용 라이프재킷을 착용하길 권한다.

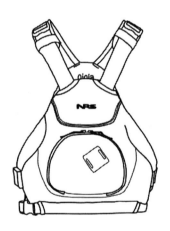

4. 스프레이 스커트sprayskirt

카약이 예징이나 리닝 또는 파도, 캡사이징 시 콕핏 내부로 물이 들어가지 않도록 콕핏 주위를 덮어 주는 장비다. 스커트 하단 고무 재질의 텐션이 강하므로 카약 콕핏 둘레의 사이즈에 맞는 적절한 사이즈를 선택하고, 잘 덮이지 않는다면 콕핏 뒤쪽부터 덮고 상체를 앞으로 약간 숙이면서 앞쪽까지 덮으면 쉽게 들어간다.

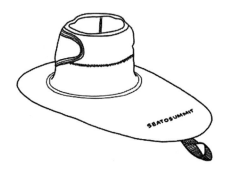

5. 패들 리쉬|paddle leash

카약이 캡사이징되었거나 패들을 놓쳤을 경우, 패들 리쉬는 카약커와 패들을 일정 거리 안에 묶어 둠으로 쉽게 회수할 수 있는 끈이다.

바다에서 패들 리쉬없이 패들을 놓친다면 카약커는 패들을 회수하기 위해 많은 체력을 소모하게 된다. 심한 경우 패들을 잃어버리는 경우도 발생하게 되는데, 이는 카약커의 안전에 직결될 수도 있으므로 비상 상황에서도 패들을 쉽게 회수할 수 있도록 해야 한다. 패들 리쉬 한쪽 끝은 라이프재킷에 연결하고 한쪽 끝은 패들 샤프트에 연결한다.

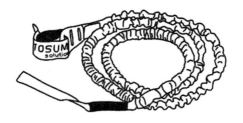

6. 패들 플롯paddle float

    캡사이징되었을때 스스로 올라올 수 있는 롤Roll 기술이 없을 때 사용하는 장비다. 튜브처럼 입으로 패들 플롯에 바람을 불어넣어 패들 블레이드 한쪽을 끼우고 패들을 지지대로 활용(셀프 레스큐 참조)해 콕핏에 다시 리엔트리re-entry 할 수 있도록 도와준다.

7. 빌지 펌프bilge pump

캡사이징 등으로 카약 콕핏에 물이 들어왔을 때 신속하고 효율적으로 물을 배출할 수 있는 장비다. 빌지 펌프를 물이 들어찬 콕핏 바닥에 세우고 수동으로 펌핑해 물을 배출시킨다.

8. 휴대폰 방수팩

최근 출시되는 휴대폰은 생활방수 기능을 지원하지만 바다 위에서 안전하게 사용하기 위해서 완전 방수가 되는 방수팩에 넣어 주어야 한다.

휴대폰은 카약커가 캡사이징되거나 강한 조류에 떠내려가는 경우 구조 요청에 사용되기도 하지만 휴대전화 기지국을 바탕으로 위치추적도 가능하므로 휴대폰은 방수팩을 넣고 라이프재킷에 매달아 놓아야 한다.

그리고 만약의 사고에 대비해 카약커의 신분을 확인할 수 있는 신분증, 1만 원 정도의 현금을 방수팩에 넣고 카약킹을 할 것을 권한다. 참고로 해경의 구조 요청 번호는 122다.

9. 휘슬whisle

휘슬은 간단하지만 무전기나 휴대폰이 물에 젖어 사용할 수 없을 경우 동료 카약커에게 위험 신호를 보내거나 도움을 요청하기 위한 중요한 도구다.

작은 공이 들어가 있는 일반 휘슬은 물에 젖으면 제 기능을 발휘할 수 없으므로 구조용 휘슬을 구매해 라이프재킷에 매달아 놓아야 한다.

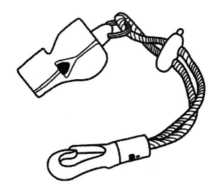

10. 나침반Compass

우리나라의 5~7월은 해무가 자주 발생한다. 원인은 바다 수온은 낮은 데 비해 대기 온도가 올라가면서 두 온도차에 의해 안개가 발생한다.

간혹 카약킹을 하다 보면 해무에 갇히는 경우가 있는데, 이때는 나침판으로 방향을 확인하고 육지로 피항해야 한다. 뿐만 아니라 나침반은 장거리 항해 시 카약의 진행 방향을 일정하게 유지하는 데 도움이 된다.

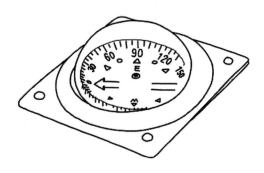

11. 헬멧helmat

카약은 구조상 폭이 좁아 쉽게 캡사이징 될 수 있다. 만약 바위나 돌, 조개껍질 등이 있는 곳에서 캡사이징이 될 수 있으므로 머리를 보호할 수 있는 헬멧이 필요하다.

급류 카약이 아니더라도 씨 카약으로 서핑을 즐기거나 해안선 가까이 항해 또는 바위 동굴을 탐험할 때 머리를 보호할 수 있는 헬멧 착용을 권한다.

12. 생활무전기 |VHF Transmitter

해상에서 카약커간 의사소통이나 비상연락망 유지를 위해 과학기
술정보통신부로부터 방송통신기자재 적합성 평가를 받은 근거리 통
신용 생활무전기를 구비할 것을 권한다.

생활무전기는 출력이 작아 별도의 무선국 개설 신고나 전파 사용료
가 없다. 대신 제한된 주파수 자원 보호를 위해 출력이 최대 0.5W로
제한되며 음성 통달 거리는 대략 1㎞ 정도에 불과하다.

준비운동

카약을 물가에 런칭하기 전에 긴장된 근육과 관절을 풀어 줌으로써 몸을 유연하게 만들어 줘야 한다. 여러 가지 효과적인 스트레칭 방법이 있으나 해안가에 눕지 않고 서서 간단하게 할 수 있는 방법을 소개한다.

① 두 손 깍지 끼고 손바닥을 바깥으로 해 앞으로 뻗기

② 한쪽 팔을 다른 쪽 팔꿈치로 감싸 팔 엇갈려 당기기

③ 한쪽 팔을 머리 뒤로 하고 다른 쪽 손으로 당기기

④ 3번 준비 자세에서 상체 옆으로 기울이며 팔 당기기

⑤ 양쪽 팔 허리 뒤로 하고 두 손 깍지 껴 뻗어 올리기

⑥ 양팔을 앞으로 뻗고 상체를 좌우로 돌리기

⑦ 양팔을 앞으로 뻗고 상체를 아래로 숙이기

⑧ 무릎을 양손으로 잡고 배에 닿기

한 동작 당 30초 이상 실시한다.

❶ 양팔 앞으로 뻗기

❷ 팔 엇갈려 당기기

❸ 팔 뒤로 하여 당기기

❹ 상체 기울이면서
   팔 뒤로 하여당기기

❺ 팔 뒤로 뻗어 올리기

❻ 상체 옆으로 돌리기

❼ 상체 아래로 숙이기

❽ 무릎 배 닿기

출처: 문화체육관광부

런칭Raunching

카약을 물가에 런칭하기 전에 안전장비는 탑재되어 있는지, 기능에는 문제없는지 등을 점검해야 한다. 바다에 한번 나가면 파도치는 환경에서 잘못된 부문을 수정하기는 어렵다. 본지에서 언급하는 각종 카약킹 요령은 적절한 복장과 안전장비를 갖춘 상태를 전제로 한다.

점검 시작

① 날씨에 알맞은 복장과 스커트, 라이프재킷을 착용하고 휘슬, 휴대폰 방수팩 등을 연결한다. 필요시 헬멧까지 착용한다.
② 카약의 전후방 해치는 제대로 닫혀 있는지 점검한다.
③ 러더 또는 스케그가 정상 작동하는지 점검한다.
④ 패블 플롯과 빌지 펌프, 생수병이 패늘링에 방해되지 않노록 테

크 라인 안쪽에 부착한다.

⑤ 패들을 패들 리쉬로 연결한다.

여기까지 점검했다면

⑥ 콕핏에 앉기 위해 양쪽 다리 사이에 콕핏이 오도록 선다.

⑦ 콕핏 시트에 엉덩이를 넣고 양쪽 다리를 차례로 안으로 넣는다.

⑧ 발을 풋 페달에 고정하고 무릎이 니 브레이스에 밀착하는지 확
  인한다. 필요시 풋 페달의 앞뒤 간격을 조절한다.

콕핏 시트에 편안하게 앉은 느낌이 든다면

⑨ 스프레이 스커트를 콕핏 뒤쪽부터 먼저 끼우고 앞쪽을 끼운다.
  이때 스커트 립코드가 콕핏 안쪽으로 말려들지 않도록 주의한
  다. 만약 캡사이징 상황에서 스커트 립코드가 콕핏 안쪽으로 말
  려들어 있다면 물속에서 스커트를 벗기기 어렵다.

⑩ 한 손은 패들을 세워 잡고 나머지 한 손은 바닥을 짚으면서 카
  약을 물가로 착수한다.(복합소재 카약의 경우 바닥 긁힘 등 선체의 손
  상방지를 위해 카약을 먼저 물가에 띄워놓고 상기 요령과 같이 착석한다.)

랜딩Landing

 카약킹을 마치고 해변으로 랜딩 할 때에는 카약의 선미 쪽 측면이 파도에 밀리면서 회전하는 성질이 발생하므로 캡사이징에 유의하면서 브레이스와 패들링을 적절히 섞어야 한다.

 패들링은 파도가 선미를 직각으로 통과하게끔 카약의 방향을 조정하고 파도가 지나가면 다음 파도가 올 때까지 약간의 여유 시간에 빠

른 패들링으로 랜딩을 시도한다. 카약이 해안가에 가까워지면 손상방
지를 위해 러더를 올리거나 스케그를 선체 내부에 수납한다.

　만약 파도가 후방 사선으로 들어오면 캡사이징되지 않도록 파도
가 몰려오는 쪽으로 로우 브레이스로 밸런스를 조정한다.

패들 잡기Holding the paddle

　패들 잡는 요령은 카약커마다 조금씩 다르지만 일반적으로 어깨넓이 또는 어깨넓이 보다 약간 짧게 패들 샤프트를 잡는다.

　자신에게 알맞은 위치가 정해지면 패들 샤프트 양쪽에 오링O-Ring을 끼우고 시중에서 쉽게 구할 수 있는 절연 테이프를 감아 손잡이 위치를 알 수 있도록 표시한다.

　콘트롤 핸드(오른 손잡이의 경우 오른쪽 손이 콘트롤 핸드다) 쪽은 밝은색 절연 테이프를 감아 두면 패들을 놓치더라도 좌우방향을 쉽게 구분할 수 있다.

기본자세

엉덩이를 콕핏 시트 안쪽으로 바짝 붙이고 양발은 풋 페달에 올려
놓고 상체를 똑바로 세운다.

콘트롤 핸드 쪽 패들 블레이드를 백 페이스가 앞쪽을 향하도록 놓
고 양손으로 패들 샤프트를 편하게 잡는다.

패들 샤프트가 카약과 직각이 되도록 스커트 위에 올려놓고 카약
의 밸런스를 유지한다.

스트로크Stroke

1. 포워드 스트로크Forward stroke

포워드 스트로크는 앞으로 갈 때 사용하는 기술로서, 패들의 파워 페이스로 물을 잡아 뒤로 스트로크 할 때 발생하는 물의 반력으로 추진력이 발생한다.

포워드 스트로크의 시작은 시선을 전방에 두고 상체를 세워 어깨를 회전한 다음 팔을 일자로 뻗어 발 근처 물에 블레이드를 입수한다.

팔을 당기고 허리와 골반도 같이 회전하면서 후방으로 스트로크 한다. 이때 풋 페달에 올려놓은 활성 블레이드Active blade 쪽 다리는 패들에서 발생한 모멘텀을 선체에 전달될 수 있도록 일자로 쭉 뻗는다. 기억해야 할 점은 카약은 아래쪽 팔의 당김과 위쪽 팔의 미는 힘, 허리와 골반의 회전력, 하체의 힘이 일사분란하게 모두 합쳐져 추진력이 발생한다는 것이다.

활성 블레이드 쪽의 손이 엉덩이까지 왔을 때 블레이드를 물 밖으로 빼고 반대편 팔은 다음의 스트로크를 위해 앞으로 뻗어야 한다.

다시 반대편 블레이드를 물속에 입수하고 같은 요령으로 아래쪽 팔의 당김과 위쪽 팔의 미는 힘, 동시에 허리와 골반의 회전을 더하고 다리를 일자로 뻗어 풋 페달에 모멘텀을 전달한다.

만약 패들 블레이드에 페더링feathering 각이 없다면 콘트롤 핸드 반대쪽 블레이드가 물을 잘 잡을 수 있도록 콘트롤 핸드의 손목을 꺾어 페더링 각을 임의로 주어야 한다.

포워드 스트로크는 하이앵글과 로우앵글 방식의 두 가지가 있다. 패들을 45도 정도로 세운 하이앵글 패들링 방식은 추진력이 좋은 반면 체력 소모가 많은 점이 단점이다.

패들을 20도 정도로 세운 로우앵글 패들링 방식은 추진력은 다소 떨어지지만 체력 소모가 적어 장거리 투어링에 좋다.

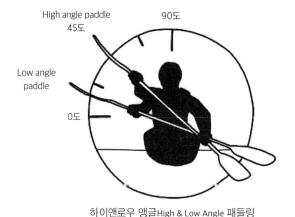

하이앤로우 앵글High & Low Angle 패들링

〈옆에서 본 패들링 자세〉

① 셋업Set up

아래쪽 팔을 일자로 쭉 뻗는다.

② 입수Immersion 및 캐치Catch

활성 블레이드를
발 근처에 입수한다.

③ 추출Extraction

상체를 회전하면서
아래쪽 팔은 당기고
뒤쪽 팔은 민다.

아래쪽 팔꿈치는
옆구리와 많이
벌어지지 않으면서
당긴다

④ 마무리Release

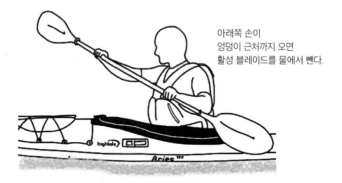

아래쪽 손이
엉덩이 근처까지 오면
활성 블레이드를 물에서 뺀다.

〈앞에서 비스듬히 본 패들링 자세〉

① 셋업Set up

위쪽 손이 눈높이 이상
올라오지 않도록 한다

위쪽 팔꿈치가
어깨선 뒤로
빠지지 않도록 한다

② 입수Immersion 및 캐치Catch

활성 블레이드를
발 근처에 입수한다.

위쪽 팔과 옆구리 사이가
90도가 넘지 않도록 한다.

③ 추출Extraction

상체를 회전하면서
위쪽 손이 반대편 가슴 앞까지
오도록 민다.

아래쪽 팔꿈치는 옆구리와 많
이 벌어지지 않으면서 당긴다.

④ 마무리Release

활성 블레이드를 물에서 빼고
1사이클을 마무리한다.

2. 리버스 스트로크Reverse stroke

포워드 스트로크가 패들의 파워 페이스를 활용해 당기는 스트로크라면 리버스 스트로크는 패들의 백 페이스를 활용해서 미는 스트로크로 후진력을 발생한다.

활성 블레이드 쪽으로 시선과 상체를 돌리고 한쪽 엉덩이에 무게를 옮겨 선체를 조금 기울이고, 패들 샤프트를 잡은 손이 엉덩이 위치에서 패들 블레이드를 입수한다.
패들을 후방에서 전방으로 힘껏 밀면서 패들링을 한다. 한쪽 스트로크가 끝나면 상체를 반대로 돌려 같은 요령으로 패들링을 한다.

활성 블레이드의 백 페이스를 전방으로 민다.

3. 드로 스트로크Draw stroke

드로는 '끌어당긴다'라는 사전적 의미로 카약을 선착장 또는 다른 카약커의 배 옆을 붙일 때 사용하는 스트로크 기술이다. 종류는 티 드로 스트로크와 스컬링 드로 스트로크로 구분한다.

① 티 드로 스트로크T draw stroke

카약을 옆으로 이동하려는 방향으로 상체를 틀고 패들 샤프트를 비스듬히 세워 파워 페이스가 카약 쪽으로 향하게 한다. 선체 측면으로부터 60cm 정도 떨어진 위치에 활성 블레이드를 입수하고 아래쪽 손은 당기면서 위쪽 손은 민다. 블레이드가 선체에 닿기 전에 패들 샤프트를 후방으로 움직여 블레이드를 물 밖으로 뺀다.

만약 패들 블레이드가 물 밖으로 나오기 전에 선체에 닿으면 캡사이징 될 수 있으니 유의한다.

② **스컬링 드로 스트로크**Sculling draw stroke

스컬링은 '물을 밀고 당기는 동작'이라는 사전적 의미로, 요령은 이동하려는 옆 방향으로 상체를 틀고 패들 샤프트를 비스듬히 세운다.

활성 블레이드를 선체 측면으로부터 30cm 정도 떨어진 물에 입수하고 파워 페이스가 물을 비스듬이 걸 수 있도록 상승각을 준 상태에서 위아래 손목을 순차적으로 꺾으면서 앞뒤로 스트로크 한다.

이때 선수나 선미 한쪽이 틀어지지 않도록 스트로크 위치를 엉덩이나 허벅지 쪽으로 적절히 옮기면서 측면 이동 밸런스를 조정한다.

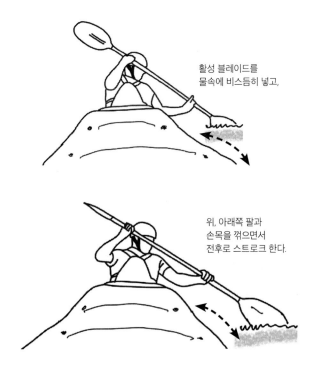

활성 블레이드를
물속에 비스듬히 넣고,

위, 아래쪽 팔과
손목을 꺾으면서
전후로 스트로크 한다.

4. 스윕 스트로크Sweep stroke

스윕은 '쓸다'라는 사전적 의미로 수면을 쓰다듬듯이 패들링하는 것으로 정지 또는 이동 중인 카약의 방향을 바꾸기 위해 반원형 모양의 스트로크다.

① 포워드 스윕 스트로크Forward sweep stroke
동작은 포워드 스트로크 자세에서 선수와 선미가 효과적으로 회전할 수 있도록 상체를 기울여 적절한 리닝을 준다. 만약 선체에 적절한 리닝을 주지 않으면 물에 잠긴 선수와 선미의 측면 저항으로 회전효율이 떨어진다.

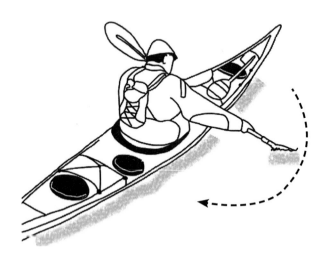

활성 블레이드를 발 근처에 입수 후 반원을 크게 그리듯이 후방으로 스트로크하면서 회전 모멘텀이 풋 페달에 전달될 수 있도록 활성 블레이드 쪽의 다리를 일자로 쭉 뻗어야 한다.

회전이 완료되어 기본자세로 돌아올 때는 활성 브레이드 쪽 손목을 꺾어 블레이드의 백 페이스가 수면을 스치듯이 되돌리면 밸런스 조정에 도움이 된다.

② 리버스 스윕 스트로크Reverse sweep stroke

리버스 스트로크와 유사하지만 선미가 효과적으로 회전할 수 있도록 선체를 기울여 주는 적절한 리닝이 더해진다.

리닝을 주고 패들 블레이드의 백 페이스를 상승각으로 선미 쪽에 입수한다.

패들을 후방에서 전방으로 반원을 그리면서 허벅지까지 민다.

선미를 밀어내려는 반대 방향으로 시선과 상체를 튼 후 패들 블레이드를 수면에 비스듬히 눕혀 엉덩이 뒤쪽의 물에 입수한다.

활성 블레이드에 체중을 싣고 반원을 크게 그리면서 전방으로 스트로크 한다. 패들에서 발생된 회전 모멘텀이 선체에 전달될 수 있도록 엉덩이를 밀면서 스트로크 쪽 다리를 일자로 쭉 뻗어야 한다.

회전이 완료되면 패들 블레이드를 물 밖으로 빼 기본자세로 돌아온다.

터닝Turning

카약은 폭은 좁은데 비해 길이가 길기 때문에 방향을 조정하는 러더 만으로 쉽게 회전하지 않는다. 따라서 카약의 회전율을 높이기 위해 여러 가지 복합적인 기술이 적용된다.

1. 카빙 턴Carving turn

카빙은 스키 날의 한쪽 면을 이용한 주행 방식으로 방향을 전환할 때 회전성이 좋아진다. 카약의 경우에도 회전할 때 선체를 기울여 주면 같은 효과가 발생하는데 선체의 좌우 홀수선의 저항 차이로 회전성이 증가한다.

요령은 회전하고자 하는 방향의 무릎을 올려 니 브레이스에 밀착한 다음 반대쪽 엉덩이에 무게를 옮기고 포워드 스트로크를 실시해 회전한다.

회전하려는
바깥쪽으로
에징을 준다.

2. 브레이스 턴Brace turn

카약의 밸런스를 조정하는 브레이스 기술과 터닝 기술이 복합된 고급 난이도의 회전 기술이다.

① 로우 브레이스 턴Low brace turn

로우 브레이스 턴은 카약의 방향 전환과 동시에 감속이 이루어지며, 리버스 스윕 스트로크와 유사하다.

먼저 회전하려는 방향으로 시선과 상체를 틀고 선체에 리닝을 준다. 활성 블레이드의 백 페이스를 엉덩이 후방의 수면에 비스듬하게 상승각으로 눕혀 입수한다.

회전이 완료될 때까지 패들을 전방으로 밀면서 활성 블레이드 쪽 다리는 일자로 뻗어 풋 페달에 모멘텀이 전달되도록 한다.

② 하이 브레이스 턴High brace turn

하이 브레이스 턴은 로우 브레이스 턴보다 회전율이 크고 빠른 감속이 발생한다. 좁은 수로에서 카약의 진행 방향을 급하게 전환할 때 주로 사용된다.

먼저 회전하려는 방향으로 활성 블레이드의 파워 페이스를 엉덩이 후방의 수면에 비스듬하게 상승각으로 눕혀 입수하고 상체를 기울이면서 로우 브레이스 턴보다 선체에 리닝을 크게 준다.

양쪽 무릎을 올려 콕핏 안쪽의 니 브레이스에 밀착시키고 회전이 완료될 때까지 밸런스를 유지하면서 하체를 회전 방향으로 끌어당겨 선수를 빠르게 돌린다.

패들 러더Paddle rudder

패들 블레이드는 물을 저을 수 있을 뿐만 아니라 선미에 장착된 러더보다 면적이 넓고 작동 범위가 크므로 러더로 활용할 수 있다.

1. 스턴 러더Stern rudder

패들 블레이드의 받음각을 조정해 선미를 돌리는 기술이다.

선회하려는 쪽으로 상체를 틀어 패들을 선체와 평행하게 잡고 파워 페이스가 선체 측면을 향하도록 한 다음 선미 쪽에 입수한다.

하체가 카약에 고정되도록 두 다리를 뻗어 풋 페달에 밀착하고 선미 쪽 손목을 꺾거나 팔꿈치를 움직여 블레이드의 받음각을 조정해 카약의 방향과 밸런스를 동시에 조정한다.

2. 바우 러더Bow rudder

스턴 러더와 반대로 바우 러더는 선수를 회전시키는 기술이다. 하이 브레이스 턴과 같이 좁은 수로에서 방향을 급격하게 전환할 때 활용된다.

선회하려는 쪽으로 패들을 비스듬히 세우고 블레이드의 파워 페이스에 물을 받을 수 있도록 받음각을 주면서 무릎 근처에 입수한다.

회전성을 높이기 위해 활성 블레이드쪽 니 브레이스를 무릎으로 올려 선체를 기울여 준다.

회전이 완료되면 입수된 패들 블레이드를 그대로 당겨 포워드 패들링으로 전환한다.

에징과 리닝Edging & Leaning

카약의 방향 전환 시 회전 효율을 증가시키기 위해 선체를 기울여 주는 기술이다. 적용 방법에 따라 에징과 리닝으로 구분한다.

1. 에징Edging

에징은 카약의 무게 중심이 부력 중심을 벗어나지 않도록 상체를 C 형태로 휘어 배의 기울기를 조절한다. 에징을 적용할 때는 회전하려 는 쪽의 무릎을 올려 니 브레이스에 밀착시키고 반대쪽 엉덩이에 무 게 중심을 옮긴다.

그림과 같이 오른쪽으로 회전하려는 경우 오른쪽 무릎을 올리고 왼쪽 엉덩이에 무게 중심을 옮겨 왼쪽으로 에징을 준다. 반대로 왼쪽으로 선회하려면 오른쪽으로 에징을 준다.

몸을 C 형태로 휘어 준다.

〈에징의 효과〉

카약은 좌우 대칭이므로 선체를 지나는 물의 압력은 동일하다. 그러나 카약의 선체를 한쪽으로 기울이면 좌우 홀수선에 비대칭이 발생하고 선체를 지나는 물의 흐름과 압력이 달라짐에 따라 회전 모멘텀이 발생한다.

예를 들어 바나나를 물에 띄우고 밀면 휘어진 방향으로 회전하려는 경향이 발생한다. 이를 생각하면 이해하기 쉬울 것이다.

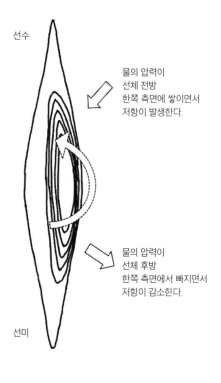

선수

물의 압력이
선체 전방
한쪽 측면에 쌓이면서
저항이 발생한다.

물의 압력이
선체 후방
한쪽 측면에서 빠지면서
저항이 감소한다.

선미

2. 리닝Leaning

선체의 부력 중심 범위 내에서 밸런스를 조정하는 에징과 달리 리닝은 약방의 감초처럼 카약킹의 다른 기술과 접목해 보다 효과적으로 카약을 조정할 수 있는 기술이다. 카약의 방향을 전환하기 위한 스윕 스트로크, 브레이스 턴, 스턴 브레이스 등과 함께 복합적으로 적용한다.

리닝은 상체를 휘지 않고 양쪽 무릎을 니 브레이스에 단단히 밀착시키고 회전하려는 쪽 엉덩이에 무게를 실어 선체를 기울인다. 밸런스는 브레이스 기술을 적절히 적용한다.

웨더 코킹Weather cocking

카약이 진행할 때 측풍의 영향으로 선수가 풍상으로 돌아가는 현상을 웨더 코킹이라 한다.

좌우 대칭인 카약은 똑바로 진행할 때는 좌우에 흐르는 물의 압력은 동일하다. 그러나 측풍으로 카약이 옆으로 밀리면서 진행한다면 선수의 한쪽 면은 물의 저항이 커지고 반대로 선미의 한쪽 면은 물의 저항이 상대적으로 작아지므로 선미가 풍하로 돌아간다.

반대로 카약이 정지 상태라면 선미보다 바람의 영향을 많이 받는 선수가 풍하 쪽으로 밀리면서 바람을 등지게 된다.

브레이스Brace

카약이 파도의 영향 등으로 밸런스를 잃었을 때 패들로 밸런스를 회복하는 기술이다. 카약의 기울기에 따라 로우 브레이스와 하이 브레이스로 나뉜다. 이와 달리 서턴 브레이스는 카약으로 파도에 올라타 서핑을 시도할 때 방향과 밸런스를 동시에 조정하는 기술이다.

1. 로우 브레이스Low brace

양팔을 푸시다운 자세로 패들 블레이드의 백 페이스를 이용해 수면을 찍어 누르면서 밸런스를 회복하는 기술이다.

밸런스를 잡았다면 샤프트를 잡고 있는 손목을 꺾어 블레이드가 물의 저항을 받지 않도록 바로 세워 꺼낸다. 아울러 로우 브레이스 시 약간의 엉덩이 스냅을 준다면 효율이 더욱 좋아진다.

2. 하이 브레이스High brace

로우 브레이스로 카약의 밸런스를 잡지 못했거나 높은 파도로 밸런스를 크게 잃었다면 카약커는 신속하게 팔을 올려 푸시업 자세와 패들 블레이드의 파워 페이스로 수면을 끌어당겨 밸런스를 회복하는 기술이다.

로우 브레이스와 요령은 비슷하나 하이 브레이스는 엉덩이 스냅이 필수적으로 적용되며 신체 중 가장 무거운 머리가 제일 나중에 물 밖으로 나와야 다시 캡사이징에 들어가지 않을 수 있다.

밸런스가 회복되었다면 손목을 꺾어 블레이드가 물의 저항을 받지 않도록 블레이드 면을 세워 꺼낸다.

패들 사프트를
지지하려는 바깥쪽으로
좀 더 빼 브레이스를 친다.

3. 서턴 브레이스Stern brace

카약도 서핑 보드와 같이 파도에 올라타 미끄러지는 서핑이 가능하다. 특히 풍하에서 파도 타는 것을 다운윈드Down wind라고 하는데 주로 사용되는 기술이 서턴 브레이스 등이 있다.

카약을 파고가 높고 파장이 긴 파도를 찾아 이동한 다음 파도를 직각으로 맞을 수 있도록 선미를 돌린다.

파도가 밀려오면 천천히 속도를 붙이면서 선미가 들리기 전에 풀 패들링Full paddling으로 속도를 최고로 올린다.

카약이 파도 위쪽에서 미끄러지기 시작하면 선수 방향과 밸런스를 조정한다. 만약 파도의 속도보다 카약의 속도가 적으면 선미가 한쪽으로 밀리면서 방향이 틀어지기 시작하므로 카약커는 반대 방향으로 상체를 빠르게 돌리고 패들을 약 45도 후방을 지지하면서 밸런스와 방향을 그때그때 즉시 조정한다.

롤링Rolling

바다에서 캡사이징 되었을 때 스프레이 스커트를 열고 탈출한 다음 콕핏에 다시 리엔트리하는 일은 여간 성가시고 번거로운 일이 아닐 수 없다.

왜냐하면 평수와 달리 바다에서는 파도와 바람이 부는 상태에서 카약도 붙잡아야 되고 패들 플롯에 바람도 불어넣어야 되는데 이러한 동작을 한꺼번에 한다는 것이 쉽지 않기 때문이다.

이때 콕핏에서 탈출하지 않고 패들의 반력과 힙스냅을 이용해 다시 수면 위로 올라오는 기술이 롤링이다.

만약 로우 브레이스나 하이 브레이스 기술이 있다면 웬만해서는 캡사이징에 들어가지 않겠지만 높은 파도 등으로 어쩔 수 없이 캡사이징되었다면 롤링 기술은 필수적이다.

초기 롤링 연습 시에는 부비동과 귀에 바닷물이 들어가지 않도록 코마개와 귀마개를 착용하고 허리 정도의 깊이에서 동료 카약커의 도움을 받아 실시한다.

그리고 처음부터 롤링 감각을 익히기는 쉽지 않으므로 패들 플롯을 이용해 천천히 롤링 감각부터 익힌다.

1. 스윕 롤Sweep roll

사전적 의미로 '쓸다'라는 뜻이 있는 스윕은 패들 블레이드를 상승각으로 물을 쓸듯이 스트로크하는 방식이다.

만약 캡사이징되었다면 당황하지 말고 눈을 뜨고 파도가 어느 방향에서 오는지 주변 상황을 인식한다.

파도가 오는 방향의 데크 쪽으로 상체를 꺾고 패들을 카약과 평행하게 잡은 다음 두 팔을 뻗어 블레이드가 수면 밖으로 나오게 한다.

시선처리는 활성 블레이드를 똑바로 보고 블레이드가 상승각으로 물을 스윕할 수 있도록 한다.

준비가 되었다면 상체를 틀면서 스윕 스트로크와 동시에 힙스냅을 준다. 롤링의 완성은 스윕 스트로크의 반력과 힙스냅의 토크가 반반이라고 해도 과언이 아니다.

롤이 마무리되면 상체를 바로 세우고 밸런스를 다시 잃지 않도록 로 브레이스 방어 자세를 취한다.

참고로 물속에서의 시선 처리는 물 밖으로 나올 때까지 회전하는 활성 블레이드를 주시해야 한다.

① 상체를 최대한 비틀어
데크와 측면에 올려붙이고
패들을 물 밖으로 뺀 다음
파워 페이스가 물을 잡을 수 있도록
카약과 평행하게 잡는다.

② 활성 블레이드를 끝까지 보면서 물을 쓸듯이 스트로크하고,
동시에 힙스냅을 준다.

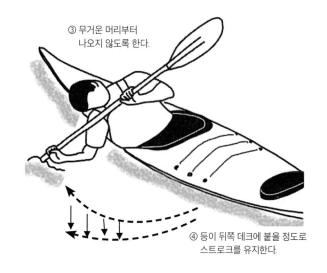

③ 무거운 머리부터
나오지 않도록 한다.

④ 등이 뒤쪽 데크에 붙을 정도로
스트로크를 유지한다.

⑤ 패들 블레이드를 세워
물 밖으로 뺀다

2. 시투시 롤C to C roll

C to C 롤은 롤을 시도할 때 상체를 수면을 향해 위로 C 자 형태로 꺾는 모양과 롤을 완성한 이후에도 수면을 향해 아래로 C 자 형태를 꺾는 모양을 따 C to C 롤이라 한다.

캡사이징되었다면 당황하지 말고 눈을 뜨고 파도가 어느 방향에서 오는지 주변 상황을 인식한다.

스윕 롤과 같이 옆구리를 뒤집힌 선체 데크 가까이 최대한 붙이고 패들 블레이드의 한쪽은 물 밖으로, 나머지 한쪽은 물에 잠기도록 샤프트를 카약과 직각이 되도록 잡은 다음 물에 잠긴 파워페이스를 수면 가까이 올린다.

준비가 되었다면 활성 블레이드의 파워 페이스를 수면 아래로 힘껏 당기면서 동시에 힙스냅을 주고 롤을 완성한다.

카약은 물의 반력과 힙스냅의 토크로 회전하면서 상체가 물 밖으로 나온다.

롤이 마무리되면 상체를 바로 세우고 밸런스를 다시 잃지 않도록 로 브레이스 등과 같이 방어 자세를 취한다.

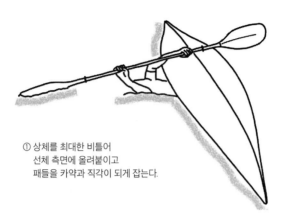

① 상체를 최대한 비틀어
　 선체 측면에 올려붙이고
　 패들을 카약과 직각이 되게 잡는다.

② 물의 반력으로 회전할 수 있도록
　 파워 페이스를 아래 방향으로 힘껏 당기고
　 동시에 힙 스냅을 준다.

③ 무거운 머리부터
나오지 않도록 한다.

④ 상체가 완전히 빠져 나올 때까지
반력을 유지한다.

⑤ 패들 블레이드를 세워
물 밖으로 뺀다.

레스큐Rescue

바다에서 밸런스를 잃고 캡사이징되었다면 카약커는 롤링 기술로 신속하게 다시 올라오거나 여의치 않으면 수중 탈출 후 콕핏으로 다시 리엔트리해야 한다.

초보 카약커는 경험 많은 카약커의 도움을 받아 이론과 실습을 통해 레스큐 요령을 습득해야 한다. 여기에서는 바다에서의 탈출 요령과 콕핏에 다시 탑승하기 위한 리엔트리 기술을 소개한다.

1. 수중 탈출Wet exit

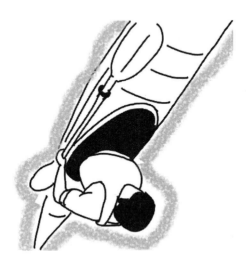

바닷물은 민물과 달리 소금기가 있기 때문에 캡사이징되었더라도 코나 눈에 자극이 덜하므로, 숨을 참고 눈을 떠 상황을 확인한다. 기술이 된다면 부비동에 바닷물이 들어가지 않도록 숨을 조금씩 내어 쉰다.

콕핏을 덮고 있는 스커트 립코드를 힘껏 당겨 벗겨 낸다. 만약 스커트가 쉽게 벗겨지지 않는다면 상체를 약간 앞으로 숙여 스커트 앞쪽의 텐션을 줄여 준 다음 스커트 립코드를 앞쪽으로 비스듬히 당겨 벗겨 낸다.

스커트가 성공적으로 벗겨졌다면 양손으로 콕핏 코핑을 짚고 다리를 일자로 뻗은 다음 엉덩이부터 빼면서 탈출한다. 콕핏 내부에는 니 브레이스가 있으므로 다리를 굽힌 상태에서는 탈출하기가 어렵다.

수면으로 올라왔다면 카약커 단독으로 셀프 레스큐를 시도하거나 휘슬을 불어 동료 카약커에게 도움을 요청하고 구조자가 올 때까지 선수나 선미를 붙잡고 대기한다.

바다에서는 바람과 파도, 조류가 있으므로 패들을 잃어버리지 않도록 패들 리쉬로 연결해 놓기를 권한다.

2. 티 레스큐T-Rescue

캡사이징된 카약을 구조하는 모양을 따 티 레스류라 부르며 기본적인 카약 레스큐 중 하나다.

수중 탈출 요령으로 수면으로 올라왔다면 피구조 카약커는 선미쪽으로 이동해 휘슬을 불어 캡사이징을 알리고 구조 카약커가 올 때까지 선미를 붙잡고 기다린다. 만약 시간적인 여유가 된다면 선체에 꼬인 패들 리쉬를 풀어 주거나 뒤집힌 카약을 바로 눕힌다.

구조 카약커가 캡사이징된 카약의 선수쪽에 90도 각도로 접근할 것이다. 이때 피구조 카약커는 카약을 놓치지 않도록 주의하고 구조 카약커가 캡사이징된 카약의 운반 손잡이를 잡고 데크 위로 끌어 올릴 때까지 대기한다.

캡사이징된 카약은 한쪽만 들어도 무거우므로 구조 카약커가 물을 배출하기 위해 카약을 뒤집거나 들어 올릴 때 피구조 카약커는 가능한 한 선미를 같이 돌리거나 눌러 협동한다.

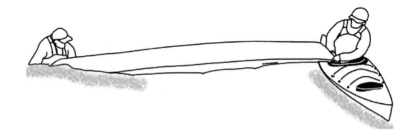

구조 카약커가 콕핏의 물을 배출하고 카약을 다시 바다에 띄워 흔들리지 않도록 선체를 마주보고 잡으면 피구조 카약커는 콕핏 쪽으로 이동 후 패들 리쉬가 꼬이지 않도록 하고 패들을 구조 카약커에게 인계한다.

피구조 카약커는 한 손으로 콕핏 코밍을 잡고 나머지 한 손은 구조 카약과 피구조 카약의 데크 라인을 동시에 잡고 다리로 물장구를 치면서 상체를 데크 위로 끌어 올린다.

상체를 데크 위로 끌어 올렸다면 머리를 숙이고 엎드린 상태에서 상체는 선미 쪽으로 하고 다리 한쪽을 콕핏에 넣은 다음 하체를 돌리면서 나머지 다리를 마저 넣고 착석한다.

필요시 빌지 펌프로 콕핏 내부의 물을 배출한 후 스프레이 스커트를 덮고 티 레스큐 과정을 마무리한다.

3. 엑스 레스큐X-Rescue

티 레스큐와 같이 카약의 구조 모양을 따 엑스 레스류라 칭하며 기본적인 카약 레스큐 요령 중 하나다. 티 레스큐와의 차이점은 피구조 카약커가 양쪽 카약 사이에 들어와 리엔트리하는 요령이다.

수중 탈출 요령으로 수면으로 올라왔다면 피구조 카약커는 선미쪽으로 이동해 휘슬을 불어 캡사이징을 알리고 구조 카약커가 올 때까지 선미를 붙잡고 기다린다. 만약 시간적인 여유가 된다면 선체에 꼬인 패들 리쉬를 풀어 주거나 뒤집힌 카약을 바로 눕힌다.

구조 카약커가 캡사이징된 카약의 선수쪽에 90도 각도로 접근할 것이다. 이때 피구조 카약커는 카약을 놓치지 않도록 주의하고 구조 카약커가 캡사이징된 카약의 운반 손잡이를 잡고 데크 위로 끌어 올릴 때까지 대기한다.

캡사이징된 카약은 콕핏에 물이 들어차 있기 때문에 한쪽만 들어도 무겁다. 구조 카약커가 물을 쉽게 배출할 수 있도록 카약을 뒤집거나 들어 올릴 때 물에 빠진 피구조 카약커는 가능한 한 선미를 같이 돌려 주거나 눌러 주어 협동한다.

구조 카약커가 콕핏의 물을 배출하고 카약을 다시 바다에 띄워 카약이 흔들리지 않도록 선체를 마주보고 잡으면 피구조 카약커는 양쪽 카약의 틈새로 들어와 패들 리쉬가 꼬이지 않도록 하고 패들을 구소 카약커에게 인계한다.

양손을 벌려 양쪽 카약을 각각 붙잡고 하체를 들어 다리를 차례로 콕핏에 넣은 다음 상체를 일으켜 착석한다. 필요시 빌지 펌프로 콕핏 내부의 물을 배출한 후 스프레이 스커트를 덮고 엑스 레스큐 과정을 마무리한다.

4. 셀프 레스큐Self rescue

캡사이징된 카약에서 수중 탈출 요령으로 수면으로 올라왔다면 카약을 놓치지 않도록 붙잡고 선체에 부착해 놓은 패들 플롯을 꺼내 입으로 바람을 불어 풍선처럼 팽창시킨다. 패들 블레이드 한쪽을 패들 플롯에 끼우고 클립을 감아 빠지지 않게 채운다.

뒤집어진 카약의 선수 쪽으로 이동해 패들을 겨드랑이에 끼우고 선수를 힘껏 들어 올려 콕핏의 물을 배출시킨 후 뒤집어진 카약을 똑바로 뒤집는다.

콕핏 쪽으로 이동해 패들 플롯이 끼워진 블레이드를 수면 쪽으로 돌리고 패들 샤프트를 카약 콕핏 상부에 걸친다. 한 손은 패들 샤프트를 잡고 나머지 한 손은 카약 상부 적당한 곳을 짚은 후 다리는 물장구를 치면서 상체를 데크에 올린다.

엎드린 상태에서 상체를 선미 쪽으로 돌리고 다리 한쪽은 콕핏에 넣는다. 그런 다음 하체를 돌리면서 나머지 다리를 넣고 시트에 착석한다. 이때 밸런스를 다시 잃지 않도록 패들 플롯을 부력 지지대로 활용한다.

리엔트리가 완료되었다면 데크에 부착된 빌지 펌프로 콕핏 바닥에 남아 있는 바닷물을 배출하고 뒤쪽 스커트부터 씌우고 앞쪽 스커트까지 씌운다.

　만약 패들 플롯의 도움 없이도 데크에 상체를 올릴 수 있는 카약커라면 셀프 레스큐 과정 중 패들 플롯은 생략할 수 있다. 실제로 파도치는 바다에서 용량이 15리터에 달하는 패들 플롯에 바람을 불어넣는 작업이 쉽지는 않다.

　바다에서는 동료 카약커의 도움을 받을 수 없는 돌발 상황이 발생할 수 있으므로 단독으로 콕핏에 리엔트리하는 기술을 습득하길 권한다.

5. 패들 수영Paddle swimming

캡사이징된 카약에서 수중 탈출 요령으로 수면에 올라왔더라도 파도와 조류 등으로 카약과 분리되어 떠내려갈 수 있다. 바다에서 카약커의 체력 소모를 최소화하면서 떠내려가는 카약을 붙잡을 수 있는 패들 수영 요령을 소개한다.

① 수영의 자유형과 포워드 스트로크가 조합된 패들 수영 요령이다.

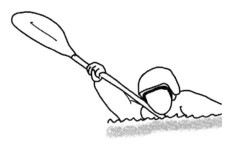

② 수영의 배영과 리버스 스트로크가 조합된 패들 수영 요령이다.

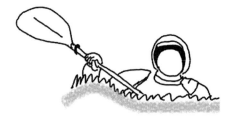

씨 카약킹 항법Sea kayaking navigation

카약커의 위치와 방향은 위성항법장치GPS, 해로드海Road 등 여러 가지 전자적인 방법으로 확인할 수 있을 것이다. 그러나 본지에서는 비상시 전자 장비의 배터리가 떨어졌거나 고장 시 지도와 나침반만으로 위치와 목적지를 확인할 수 있는 요령을 소개한다.

우선 항법의 기초로 진북, 자북, 도북과 방위 및 코스 등의 항법 용어를 알아 두어야 한다.

〈한국에서의 진북과 자북〉

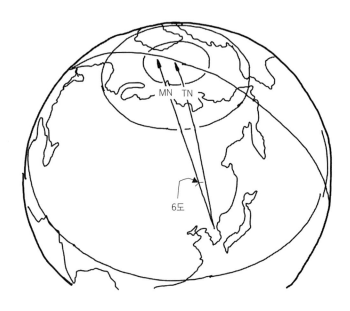

- 진북True North: 지구의 북극점으로 자전축이 있는 방향

- 자북Magnetic North: 나침반의 바늘이 가르키는 북쪽 방향으로 진북과는 조금 다르게 캐나다 허드슨만 부근을 향한다.

- 도북Grid North: 지도상의 북쪽으로 세로선이 남북, 가로선이 동서 방향이다. 공모양의 3차원 지구 표면을 2차원의 평면으로 옮기는 과정에서 지역별 오차가 발생한다. 우리나라는 진북을 기준으로 1도 미만의 오차가 있음으로 정밀 항해가 아니라면 일반적으로 무시한다.

- 방위Bearing: 북쪽을 기준으로 하나의 지상 점에서 시계방향으로 다른 하나의 지상 점으로의 방향이다. 종류는 진방위, 자방위, 나방위로 구분한다.
- 코스Course: 지도상의 계획된 이동 경로다.
- 편차Deviation: 도북을 기준으로 자북이 기울어진 정도를 나타낸 것으로 나라마다 지역마다 조금씩 다르다. 우리나라는 자북이 서쪽으로 6도 정도 기울어져 있다.

카약에 부착된 나침반은 자북을 기준으로 작동되는데 반해 지도는 진북을 기준으로 제작된다. 항해용 지도는 나북이 별도로 표시되어 있지만 일반용 지도는 진북만 표시되기 때문에 항해 시에는 진북과 나북 간의 편차를 보정해 주거나 지도상에 자북선을 일정한 간격으로 미리 그어 놓는 다면 매우 편리하다.

예를 들어 우리나라의 남부 부산의 경우, 6도 정도의 서편각이 발생하므로 지도상에 도북을 기준으로 측정한 코스의 진북 방위각이 360도라면 이 값에 6도를 더해 주면 나침반의 자북 방위각이 된다.

위와 같은 방식을 활용해 지도상에 그은 코스의 진방위를 카약에 부착된 나침반의 나방위로 변환해 줘야 한다. 만약 이를 무시하고 진방위 그대로 항해한다면 1㎞당 약 100m의 오차가 발생한다.

카약킹을 하다 보면 파도와 바람, 조류의 영향으로 진행 방향을 일정하게 유지하기 어렵다. 만약 섬이나 해안선의 지형만을 참조해 항해했다면 카약커는 일직선으로 항해한 것처럼 느끼겠지만 실제로는 지그재그로 이동한다.

따라서 이동 경로 상에 장거리 코스가 있다면 최단거리 항해와 갑작스러운 기상변화에 대응하기 위해 적절한 항해 계획을 수립할 것을 권한다.

① 나침반 준비

비교적 정밀한 항해 계획 수립을 위해 나침반 바늘을 보호하는 투명 덮개(콤파스 다이얼)가 360도 회전하고 축적자가 1:25K, 1:50K 스케일이 있는 나침반을 활용한다.

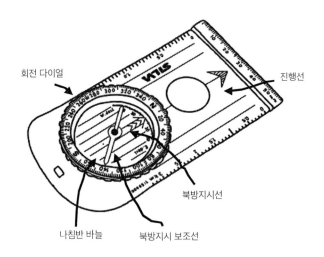

② 방위 측정

섬 둘레나 해안선 가까이의 이동 경로는 육안으로 쉽게 확인할 수 있는 지역이므로 제외하고 원거리의 지점과 지점 간에 일직선을 긋고, 그 일직선과 나침반 옆면을 나란히 일치시킨다.

나침반의 회전 다이얼을 돌려 북방지시 보조선을 지도상의 진북선 또는 자북선의 북쪽과 평행이 되도록 한다.

나침반의 진행선에 걸치는 회전 다이얼의 양쪽 눈금 값이 그 일직선의 양쪽 방위각이 된다.

측정된 양쪽 방위각에 편차를 보정해 일직선 근처에 각각 결과값을 기록한다. 만약 자북선이 있는 항해용 지도 또는 일반지도에 임의로 그어놓은 자북선을 기준으로 결과값을 측정했다면 별도의 편차 보정은 필요 없다.

이동거리는 나침반 옆에 표시된 축적 값으로 거리를 측정하거나 네이버, 다음 지도 등에서 쉽게 구할 수 있다.

〈거제도 대포항 ↔ 매물도 투어링 코스〉

③ 위치 확인

운항 중 현재 위치를 확인하려면 우선 눈으로 관측할 수 있는 섬이나 산봉우리, 고층 빌딩 등 두 개 이상의 목표 지점을 선정한다.

선정된 목표물을 지도상에서 확인하고 나침반의 진행선이 카약의 종축 방향과 같은 방향으로 놓고 카약의 방향을 측정하려는 목표 지점을 향하도록 선수를 돌린다.

선수의 방향이 목표물과 일치하면 나침반의 회전 다이얼을 돌려 북방지시선이 나침반의 적색 N 바늘과 일치하도록 한다.

이때 나침반의 진행선에 걸쳐진 회전 다이얼의 눈금이 카약에서 본 목표 지점의 방위각이다. 반대로 측정 지점에서 본 카약의 방위각은 나침반 진행선의 반대편 눈금이다.

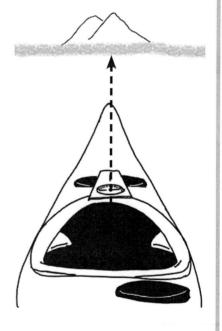

이렇게 측정된 2개 지점의 방위각을 지도상에 그은 교차점이 카약커의 위치가 된다.

만약 선수에 항해용 나침반이 장착되어 있다면 선수를 돌려 목표 지점의 방위각을 각각 측정하면 현재 위치를 확인할 수 있다.

기상 정보

　카약커는 안전을 위해 바다에 나가기 전에 본인 또는 카약킹 그룹의 실력에 비해 바람은 세지 않는지, 파도는 높지 않은지 등을 반드시 확인해야 한다.

　아무리 실력이 뛰어나더라도 거친 바람과 파도와 시름하다 보면 체력이 급속히 떨어진다.

　따라서 실력이 가장 낮은 동료 카약커를 기준으로 삼아 보수적으로 판단하기를 권한다.

1. 윈드그루(www.windguru.cz) 차트

윈드그루 기상정보를 통해 카약킹에 적당한 바다 날씨를 판단하는 기준은 카약커마다 다르겠지만 풍속과 파고를 기준으로 자신의 실력에 맞는지 점검해야 한다.

초보자는 풍속 15노트, 중급자는 22노트, 상급자는 26노트 이하가 일반적이다. 아무리 실력이 뛰어나더라도 풍랑주의보 기준인 풍속 27노트, 파고가 3m에 이르면 카약킹을 중단해야 한다.

이도저도 아니면 간단하게 별 한 개는 초급자까지, 별 두 개는 중급자까지, 별 세 개는 상급자까지로 보면 크게 틀리지 않다.

그리고 카약 다운윈드에 적당한 바다 날씨는 풍향과 파향이 같고 파도 주기가 6~8초이면 알맞은 기상조건이 된다.

다음 윈드그루 차트의 그림은 부산 송정 해변을 선택한 경우다.

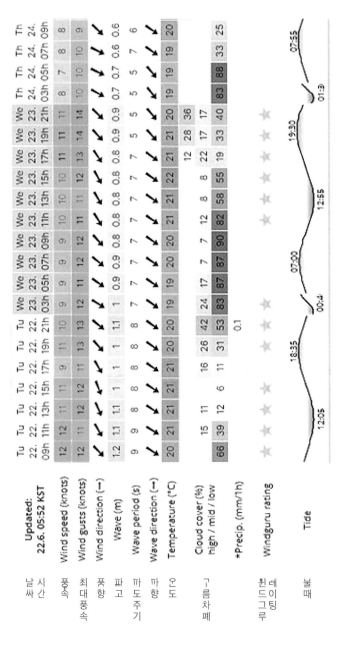

GFS 13   GFS-Wave 16   WRF 9   ICON 13   GDPS 15   GWAM 27   GDWPS 25

Updated: 22.6. 05:52 KST	Tu 22. 09h	Tu 22. 11h	Tu 22. 13h	Tu 22. 15h	Tu 22. 17h	Tu 22. 19h	Tu 22. 21h	We 23. 03h	We 23. 05h	We 23. 07h	We 23. 09h	We 23. 11h	We 23. 13h	We 23. 15h	We 23. 17h	We 23. 19h	We 23. 21h	Th 24. 03h	Th 24. 05h	Th 24. 07h	Th 24. 09h
Wind speed (knots)	12	12	11	11	9	11	10	9	9	9	9	10	10	10	11	11	11	8	10	8	8
Wind gusts (knots)	12	11	12	12	12	13	13	12	11	12	12	11	12	12	13	14	14	10	10	10	9
Wind direction (→)	↘	↘	↘	↘	↘	↘	↘	↘	↘	↘	↘	↘	↘	↘	↘	↘	↘	↘	↘	↘	↘
Wave (m)	1.2	1.1	1	1	1	1	1.1	1	0.9	0.9	0.8	0.8	0.8	0.8	0.8	0.9	0.9	0.7	0.7	0.6	0.6
Wave period (s)	9	9	8	8	8	8	8	7	7	7	7	7	7	7	7	5	5	5	5	7	6
Wave direction (→)	↘	↘	↘	↘	↘	↘	↘	↘	↘	↘	↘	↘	↘	↘	↘	↘	↘	↘	↘	↘	↘
Temperature (°C)	20	21	21	21	21	20	20	19	19	20	20	21	21	22	21	21	20	19	19	19	20
Cloud cover (%) high / mid / low		15	11		16	26	42	24	17	7	7	12	8	8	22	28	36				
	66	39	12	6	11	31	53	83	87	87	90	82	58	55	19	17	17	83	88	33	25
*Precip. (mm/1h)							0.1														
Windguru rating	☆	☆	☆	☆	☆	☆	☆	☆	☆	☆	☆	☆	☆	☆	☆	☆	☆				

Tide: 12:05   18:35   00:4   07:00   12:55   19:30   01:9   07:55

날씨 시간 풍속 최대풍속 풍향 파고 파도주기 파향 온도 구름차폐 *강수량 윈드그루 레이팅 때 (Tide)

2. 해로드海Road

우리나라의 5~7월은 차가운 바다 수온과 따뜻한 공기층이 만나 해무가 자주 발생한다. 카약킹 도중 짙은 해무에 갇히면 옆의 동료 카약커도 볼 수 없을 정도로 당황스러우며 오직 소리로만 주변 상황을 파악해야 한다.

이런 경우 항법 지식이나 고가의 마린용 GPS가 없더라도 출발지나 가까운 해안선으로 피항할 수 있는 프로그램이 있다. 해양수산부 산하 국립해양측위정보원에서 무료로 배포하는 휴대폰용 해로드 앱을 설치해 두기를 권한다.

주요기능은 카약커의 위·경도 좌표와 전자해도에 위치를 시현하고 해양기상 정보의 제공 및 비상 시 해양경찰 및 소방청에 긴급 구조 요청 할 수 있는 기능 등이 있다.

- 위치정보: 전자해도 활용, 이동 경로 관심지점 저장 기능
- 긴급구조: 긴급상황 시 해양경찰청 및 소방청에 카약커의 위경도 좌표를 문자로 발송
- 해양기상: 기상청 및 해양조사원의 수온·기온·풍향·풍속 등 해양기상 정보를 연계 제공

3. 파도웹캠

해변에 직접 나가지 않고도 휴대폰으로 국내의 주요 해변를 눈으로
확인할 수 있는 WSM팜(www.wsbfarm.com)이 있다.

카약의 유지 관리

1. 세척

오너로부터 잘 관리된 카약은 수십 년간 사용할 수 있다. 카약킹을 마치면 수도물로 카약 내외부 및 패들에 묻은 소금기와 모래, 이물질 등을 말끔히 씻어 내고 충분히 건조시킨다. 찌든 때가 없다면 물비누로 세척할 필요는 없다.

세척과 건조 작업을 게을리한다면 금속 부품의 부식, 고무 재질의 노화가 촉진되거나 선체에 곰팡이가 발생하고 시즌 중 안전에 문제가 될 수 있다.

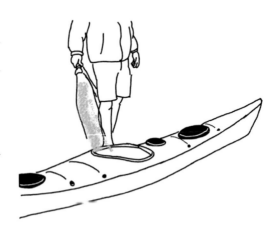

2. 장기보관

시즌 오프로 카약을 장기간 보관할 경우에는 물로 세척하고 충분히 건조시킨 다음 통풍이 잘되는 실내에 보관할 것을 추천한다.

클럽 하우스가 있다면 좋겠지만 여의치 않다면 아파트 주차장을 살펴보자. 먼저 관리 사무실에 양해를 구하고 차량 진출입에 방해되지 않도록 한쪽 귀퉁이나 여유 공간에 쿠션이 있는 두꺼운 매트 등을 깔고 선체 변형이 없도록 카약을 똑바로 눕히거나 뒤집어 보관한다. 특히 고양이나 쥐가 들어가지 않도록 콕핏 커버를 덮고 보관 장소 주변을 주기적으로 깨끗이 청소한다.

만약 실내 보관 장소가 없다면 태양의 자외선으로부터 선체 변형과 변색 방지를 위해 자외선 방지 보트왁스를 도포해 준 다음 벌레, 먼지 등이 들어가지 않도록 방수포로 덮어 준다.

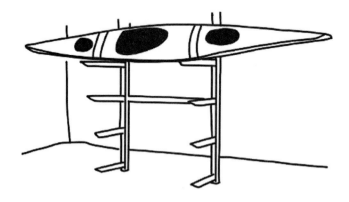

3. 카약의 도난

카약을 아파트 공용 주차장에 보관한다면 혹시 누가 가져가지 않을까 걱정이 될 수 있다. 그러나 카약은 의외로 몰래 가져가기 어려운 물건이며, 훔쳤다 하더라도 제3자에게 판매하기도 어려운 물건이다.

왜냐하면 일단 길이가 5m가 넘고 무게도 20kg가 넘기 때문에 혼자서 들고 갈 수 없으므로 차량을 이용할 수밖에 없다. 차량도 최소한 가로바가 설치되어 있어야 하고 카약을 묶을 수 있는 스트랩 정도는 준비해야 한다.

그리고 어렵게 차량에 실었더라도 곳곳에 설치된 CCTV를 피하는 것은 사실상 불가능에 가깝다. 또 카약을 중고로 매도하려면 카약 동호회 등을 통하지 않으면 매도하기도 어렵다.

만약 카약 동호회에 도난 카약이 매물로 나온다면 쉽게 정보 공유가 되어 추적을 피하기 어렵다.

카약 운반

1. 소형 카트

씨 카약은 길이가 5m 넘고 무게도 20kg이 넘기 때문에 차량에 실어 해변 주차장까지 이동했다 하더라도 해변까지 다시 운반하려면 또다시 고역이다. 한 두 번하고 카약킹을 그만둘 것이 아니라면 카약의 선미 쪽 화물칸에 분해 후 보관할 수 있는 조립형 소형 카약 카트Kayak cart 하나쯤 준비해 두면 요긴하게 쓰인다.

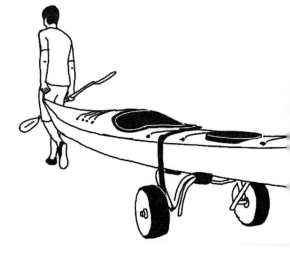

2. 자동차

승용차로 카약을 운반하려면 차량 지붕에 가로바가 설치되어 있어야 한다. 추가로 두꺼운 패드가 있는 카약 전용 캐리어를 가로바에 설치한다면 선체의 변형 없이 좀 더 안전하게 운반할 수 있다.

탑재 요령은 선수를 전방으로 하고 가로바 앞뒤 중간쯤에 콕핏이 위치하도록 올린다. 차량 이동 중 바람에 흔들리거나 추락하지 않도록 콕핏 앞뒤 두 곳에 스트랩으로 묶는다. 만약 스트랩을 너무 과도하게 조이면 선체에 변형이 갈 수 있으므로 주의한다.

장거리를 이동하거나 고속도로 구간, 바람이 많은 날에는 콕핏 앞뒤뿐만 아니라 차량 앞뒤 하부의 고정 부위에 선수와 선미를 스트랩으로 묶어야 한다. 만약 스트랩을 너무 과도하게 당기면 선체가 휘어질 수 있으므로 주의한다.

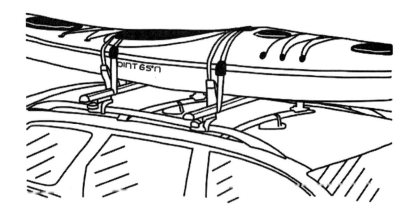

로프 매듭법Rope knot

실생활에서도 자주 사용되는 로프 매듭법은 토우 라인을 제작하거나 데크 라인 수리, 물건을 묶을 때 요긴하게 사용되니 몇가지 알아두기를 권한다.

1. 오버핸드 매듭Overhand knot

가장 간단한 형태의 매듭으로 로프의 끝 가닥을 마감하는 용으로 주로 사용된다.

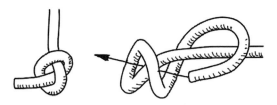

한번 더 감으면 더블 오버핸드 매듭이 된다.

2. 8자 매듭Figure 8 knot

오버핸드 매듭보다 로프 끝단의 지름을 크게 만드는 데 사용한다. 카약 피팅 구멍에서 로프가 빠지지 않도록 끝단을 8자 매듭으로 마무리한다.

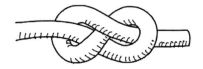

3. 보우라인 매듭Bowline knot

로프의 한쪽 끝에 고리를 만들기 위한 매듭으로 요트를 폰툰(Pontoon)에 계류할 때 주로 사용한다. 일명 고리 매듭이라고도 한다.

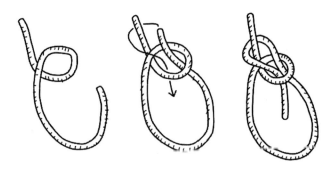

4. 요세미티 보우라인 매듭Yosemite bowline knot

보우라인 고리 매듭의 끝 가닥을 한 번 더 감아 매듭의 강도를 높이는 방법으로 로프 끝 가닥의 방향을 바꾸어 고리의 모양을 깔끔하게 정리할 수 있다.

5. 스퀘어 매듭Square knot

같은 지름의 두 로프를 단단히 묶을 때 사용하지만 한번 묶더라도 풀기가 쉽다. 스퀘어 매듭을 만들고 난 후 풀리지 않도록 매듭을 완전히 조인다. 잘못 묶으면 로프가 빠질 수 있는 그래니 매듭Granny knot이 된다.

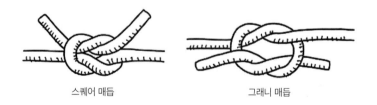

스퀘어 매듭   그래니 매듭

6. 피셔맨 매듭Fisherman's knot

매듭의 굵기가 작고 두개의 로프를 신속하고 간편하게 연결할때 사용한다. 매듭이 한번 힘을 받아 조여지면 풀기가 어려워 장시간 고정하는 곳에 주로 사용한다.

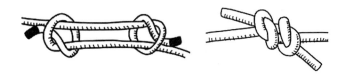

고리를 한 번 더 감아 주면 더블 피서맨 매듭이 된다.

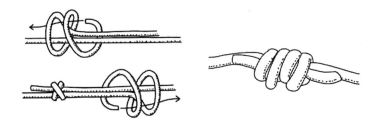

7. 트럭커 히치Trucker's hitch

카약의 선수와 선미를 차량 하부의 타이 다운Tie down 고리에 묶을
때 주로 사용한다.

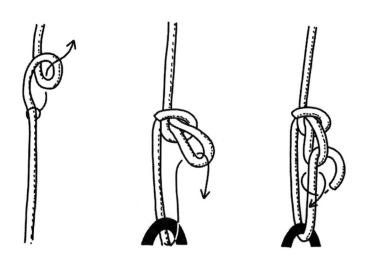

8. 로프 감기 Rope Coiling

로프를 사용하지 않을 때는 올바른 방법으로 말아 통풍이 잘되고 건조한 곳에 보관해 두어야 로프의 수명이 길어지고 필요할 때 사용할 수 있다. 아무렇게 말아 두면 서로 꼬이거나 뒤엉켜 나중에 사용하기 어렵다.

로프를 일정한 길이로 감고 남는 여분의 길이로 목 부분을 세 바퀴 이상 감은 다음 그림과 같이 매듭을 만들어 준다

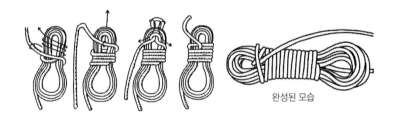

완성된 모습

용어 해설

네오프렌Neoprene	듀퐁사의 상품명으로 특수고무 계열의 방수원단
니 브레이스 Knee Brace	무릎을 밀착시켜 카약커의 하체를 카약에 고정하거나 선체를 기울이기 위한 장치
데크Deck	카약의 상부 갑판
드라이 슈트 Dry suit	고무 재질로 코팅된 네오프렌 소재의 의류로 목과 손목, 발목에 물이 들어오지 않도록 띠가 있는 방수복
드로 스트로크 Draw stroke	카약을 옆으로 이동하기 위해 패들을 카약 측면에 입수하고 움직이는 행위
랜딩Landing	카약킹을 마치고 카약을 뭍으로 올리는 행위
러더Rudder	카약의 방향을 조정하는 장치
런칭Launching	카약을 물가로 가지고 나가는 행위
로우 브레이스 턴 Low brace turn	로우 브레이스 기술로 카약의 방향을 조정하는 기술
로우 브레이스 Low brace	패들샤프트를 낮게 잡고 카약의 밸런스를 유지하는 기술
롤링Rolling	캡사이징된 카약을 바른 자세로 회전시키는 기술
리닝Leaning	카약커의 몸을 휘지 않고 카약을 기울이는 기술
리버스 스윕 스트로크 Reverse sweep stroke	카약의 회전을 위해 패들을 후방에서 전방으로 반원 형태의 스트로크
리버스 스트로크 Reverse stroke	카약의 후진을 위해 패들을 후방에서 전방으로 미는 형태의 스트로크

리엔트리Re-entry	캡사이징된 카약에서 탈출해 콕핏에 다시 올라가는 행위, 리마운트라고도 한다
립코드Ripcord	스프레이 스커트에 부착된 탈출용 끈
바우 러더 Bow rudder	패들을 선수에 입수해 카약의 방향을 조정하는 기술
바우Bow	카약의 선수
브레이스Brace	패들로 카약의 밸런스를 조정하는 기술
빌지 펌프 Bulge pump	콕핏에 들어찬 물을 배출하는 휴대용 수동 펌프
서턴Stern	카약의 선미
셀프 레스큐 Self rescue	캡사이징된 카약에서 동료 카약커의 도움없이 단독으로 리엔트리하는 기술
스윕롤Sweep roll	캡사이징된 카약을 바른 자세로 회복시키는 기술의 일종
스컬링 드로 스트로크 Sculling draw stroke	카약을 옆으로 이동하기 위해 패들을 카약 측면에 입수하고 앞뒤로 젓는 행위
스케그Skeg	카약의 선미 하부에 부착되어 직진성을 돕는 판
스턴 러더 Stern rudder	패들을 선미에 입수해 카약의 방향을 조정하는 기술
스턴 브레이스 Stern brace	패들을 선미에 입수해 카약의 밸런스를 조정하는 기술
스트로크Stroke	패들을 물에 입수, 캐치, 릴리스하는 일련의 행위
스프레이 스커트 Spray skirt	콕핏에 물이 들어가지 않도록 덮는 치마
시투시 롤C to C Roll	캡사이징된 카약을 바른 자세로 회복시키는 기술의 일종
에징edging	몸을 C 자 형태로 휘어 카약을 기울이는 기술
엑스 레스큐X Rescue	캡사이징된 카약커를 X모양으로 구조하는 행위
웨더 코킹 Weather cocking	카약이 측풍의 영향으로 풍향계처럼 돌아가는 효과
웻 이그젯 Wet exit	캡사이징된 카약에서 탈출하는 행위
카빙 턴 Carving turn	카약을 기울여 회전하는 기술. 회전율이 증가한다.

카우보이 레스큐 Cowboy Rescue	카우보이가 말에 올라탄 형태로 카약에 리엔트리하는 기술
케이원K-1	스프린트용 1인승 카약
캡사이징Cap-sizing	카약이 뒤집힌 형태
코밍Coaming	콕핏 주위의 테두리. 림(Rim)이라고도 한다.
콘트롤 핸드 Control hand	오른손잡이인 경우 오른손, 왼손잡이인 경우 왼손
터닝 스크로크 Turning stroke	카약의 방향을 회전하도록 하는 스트로크
티 레스큐T Rescue	캡사이징된 카약커를 T모양으로 구조하는 행위
티 드로 스트로크T draw stroke	카약을 옆으로 이동하기 위해 패들을 카약 측면에 입수하고 당기는 행위
패들 리쉬paddle leash	패들을 잃어버리지 않도록 라이프재킷 또는 카약에 연결하는 끈
패들 수영 Paddle swimming	카약으로부터 탈출 후 패들을 사용해 수영하는 기술
패들 플롯paddle float	한쪽 패들 블레이드에 끼우는 부력 보조장치
패들Paddle	카약용 양날 노
패들링Paddling	패들을 젓는 일련의 행위
페더링Feathering	양쪽 패들 블레이드의 각이 서로 틀어진 모양
포워드 스윕 스트로크 Forward sweep stroke	카약의 회전을 위해 패들을 전방에서 후방으로 반원 형태의 스트로크
포워드 스트로크 Forward stroke	카약의 추진력 발생을 위해 패들을 전방에서 후방으로 움직이는 형태의 스트로크
풋 페달 Foot pedal	카약커의 발을 지지하는 발판. 패들의 추진력을 선체에 전달한다.
하이 브레이스 턴 High brace turn	하이 브레이스로 카약의 방향을 조정하는 기술
하이 브레이스 High brace	패들샤프트를 높게 잡고 카약의 밸런스 유지하는 기술
활성 블레이드 Active blade	물에 입수되어 추진력을 발생시키는 패들 블레이드

수상레저활동자가
지켜야 하는
운항규칙

■ 수상레저안전법 시행령 [별표 7]

수상레저활동자가 지켜야 하는 운항규칙

1. 주위의 상황 및 다른 수상레저기구와의 충돌위험을 충분히 판단할 수 있도록 시각·청각과 그 밖에 당시의 상황에 적합하게 이용할 수 있는 모든 수단을 이용하여 항상 적절한 경계를 해야 한다.

2. 등록대상 동력수상레저기구의 경우에는 해양경찰청장이 지정·고시하는 항해구역을 준수해야 한다. 다만, 다음 각 목의 어느 하나에 해당하는 경우에는 그렇지 않다.

   가. 항해구역을 평수구역(「선박안전법 시행령」 제2조제1항제3호가목에 따른 평수구역을 말한다. 이하 같다)으로 지정받은 동력수상레저기구를 이용하여 평수구역의 끝단 및 가까운 육지 또는 섬으로부터 10해리(해양수산부령으로 정하는 기관을 사용하는 동력수상레저기구는 5해리) 이내의 연해구역(「선박안전법 시행령」 제2조제1항제3호나목에 따른 연해구역을 말한다. 이하 같다)을 항해하려는 경우

   나. 항해구역을 평수구역으로 지정받은 동력수상레저기구를 이용하여 항해구역을 연해구역 이상으로 지정받은 동력수상레저기구와 500미터 이내의 거리에서 동시에 이동하려고 관할 해양경찰서장에게 운항신고(수상레저기구의 종류, 운항시간, 운항자의 성명 및 연락처 등의 신고를 말한다. 이하 같다)를 하여 해양경찰서장이 허용한 경우

3. 다이빙대·계류장 및 교량으로부터 20미터 이내의 구역이나 해양경찰서장 또는 시장·군수·구청장(특별자치시의 경우에는 특별자치시장을, 특별자치도의 경우에는 특별자치도지사를 말하고, 서울특별시 한강의 경우에는 한강 관리에 관한 업무를 관장하는 기관의 장을 말한다. 이하 이 표에서 같다)이 지정하는 위험구역에서는 10노트 이하의 속력으로 운항해야 하며, 해양경찰서장 또는 시장·군수·구청장이 별도로 정한 운항지침을 따라야 한다.

4. 태풍·풍랑·해일·호우·대설·강풍과 관련된 주의보 이상의 기상특보가 발효된 구역에서는 수상레저기구를 운항해서는 안 된다. 다만, 다음 각 목의 어느 하나에 해당하는 경우에는 그렇지 않다.

가. 해양경찰서장 또는 시장·군수·구청장이 해당 구역의 기상 상태를 고려하여 그 운항을 허용한 경우

나. 기상특보 중 풍랑·호우·대설·강풍 주의보가 발효된 구역에서 파도 또는 는 바람만을 이용하여 활동이 가능한 수상레저기구를 운항하려고 관할 해양경찰서장 또는 시장·군수·구청장에게 운항신고를 한 경우

다. 기상특보 중 풍랑·호우·대설·강풍 경보가 발효된 구역에서 파도 또는 바람만을 이용하여 활동이 가능한 수상레저기구를 운항하려고 관할 해양경찰서장 또는 시장·군수·구청장에게 운항신고를 하여 해양경찰서장 또는 시장·군수·구청장이 허용한 경우

5. 다른 수상레저기구와 정면으로 충돌할 위험이 있을 때에는 음성신호·수신호 등 적당한 방법으로 상대에게 이를 알리고 우현 쪽으로 진로를 피해야 한다.

6. 다른 수상레저기구의 진로를 횡단하는 경우에 충돌의 위험이 있을 때에는 다른 수상레저기구를 오른쪽에 두고 있는 수상레저기구가 진로를 피해야 한다.

7. 다른 수상레저기구와 같은 방향으로 운항하는 경우에는 2미터 이내로 근접하여 운항해서는 안 된다.

8. 다른 수상레저기구를 앞지르기하려는 경우에는 앞지르기당하는 수상레저기구를 완전히 앞지르기하거나 그 수상레저기구에서 충분히 멀어질 때까지 그 수상레저기구의 진로를 방해해서는 안 된다.

9. 다른 사람 또는 다른 수상레저기구의 안전을 위협하거나 수상레저기구의 소음기를 임의로 제거하거나 굉음을 발생시켜 놀라게 하는 행위를 해서는 안 된다.

10. 안개 등으로 가시거리가 0.5킬로미터 이내로 제한되는 경우에는 수상레저기구를 운항해서는 안 된다.

전국 해양경찰서
수상레저활동
금지구역 고시

구분			장소	금지기간	금지구역
계			189개소(해수욕장 163개소, 유원지 6개소, 수로 4개소, 수문 6개소, 수중방파제 3개소, NLL 3개소, 수중암초 2개소, 활주로 1개소, 사격장 1개소)		
중부	인천서 (11개소)	해수욕장	을왕, 왕산, 이일레, 서포리, 장경리, 심리포	해수욕장 개장기간	수영경계선 기준 내측 해상 및 외측 20M 이내 해상(수영금지선이 설치되지 아니한 해수욕장은 해안선으로부터 50M 이내 해상) ※ 동력수상레저기구
		기타지역	무의-잠진 도선항로 (잠진선착장)	연중	잠진~대무의도 선착장 양끝단을 잇는 직선으로 기준으로 좌·우측 0.1해리 해상 ※ 모든 수상레저기구
			시화호 배수갑문 앞 해상(평택과 관할 경계구역)	연중	제1호 배수갑문부터 방아머리 선착장 방향 육상 500m 지점 및 제방방향 육상 340m 지점과 직선으로 37°17′540″N-126°34′400″E 해점을 연결한 내측해역 .※ 모든 수상레저기구
			강화도 주변 해역 (대명포구,동막포구) (NLL-1)	연중	김포-강화도간 초지대교 북쪽해역 및 강화도 최서단 죽도에서 석모도 최남단 연결한 북쪽해역 ※ 모든 수상레저기구
			영종도 서쪽해역 (덕교선착장) (NLL-2)	연중	① 주문도 최남단에서 ② 석모도 최남단 ③ 37-30.10.07N 126-15.52.67E (동경측지계 37-30N 126-16E) ④ 37-20.00.40N 125-59.52.77E (동경측지계 37-20N 126-00E) ⑤ 37-30.10.07N 125-59.52.76E (동경측지계 37-30N 126-00E) ⑥ 37-31.31.06N 126-02.52.74E (동경측지계 37-31-21N 126-03E) ⑦ 37-34.40.04N 126-02.52.74E (동경측지계 37-34-30N 126-03E) ⑧ 37-34.40.04N 126-09.31.70E (동경측지계 37-34-30N 126-09-39E)를 연결한 내측 해역 ※ 모든 수상레저기구

구분			장소	금지기간	금지구역
중부	인천서 (11개소)	기타지역	시화호 조력발전소 앞 해상	연중	① 37°18′48.0N 126°36′27.0E ② 37°18′52.9N 126°36′22.7E ③ 37°19′01.2N 126°36′25.9E ④ 37°19′13.5N 126°36′24.5E ⑤ 37°19′17.2N 126°36′33.7E ⑥ 37°19′11.8N 126°36′41.5E ⑦ 37°19′05.1N 126°36′46.8E ⑧ 37°18′56.0N 126°36′51.6E를 연결한 내측 해역 ※ 모든 수상레저기구
	태안서 (7개소)	해수욕장	꽃지, 삼봉, 백사장, 몽산포, 연포, 만리포, 학암포	해수욕장 개장기간	수영경계선 기준 내측해상 및 외측 20m 이내 해상 ※ 동력수상레저기구
	보령서 (4개소)	해수욕장	춘장대, 대천, 무창포	해수욕장 개장기간	수영금지선 내측 및 외측으로 20m 이내 수역 ※ 동력수상레저기구
		기타지역	서천군 서울시 공무원 연수원 앞 해상	연중	36-08.15N 136-33.30E, 36.08.00N 126-33.15E, 36-07.70N 126-34.40E의 각 지점을 연결한 내측 수역 ※ 모든 수상레저기구
	평택서 (6개소)	해수욕장	방아머리, 난지도, 제부도, 왜목	해수욕장 개장기간	수영금지선 내측 및 외측으로 20m 이내 수역 ※ 동력수상레저기구
		기타지역	시화호 내측 방아머리 배수갑문, 시화호 내측 조력발전소 수문 부근	연중	방아머리 배수갑문(300*400m), 조력발전소 수문(1200*300m) ※ 모든 수상레저기구

구분		장소	금지기간	금지구역
동해	속초서 (23개소) 해수욕장	화진포, 송지호, 봉수대, 삼포, 백도, 아야진, 천진, 봉포, 봉포캔신텅리조트, 등대, 속초, 외옹치, 낙산, 동호, 하조대, 중광정, 죽도, 인구, 주문진	해수욕장 개장기간	물놀이한계선으로부터 외측 20m 해역 내 ※ 동력수상레저기구
	기타지역	화진포 해수욕장 이북해역, 봉포, 속초, 영진 연안정비구역	연중	화진포해수욕장 이북해역 (북위 38-29-05N 이북) / 봉포, 속초해변에서 잠제까지 200m 해역내 / 영진해변에서 잠제까지 250m 해역내 ※ 동력수상레저기구
	동해서 (23개소) 해수욕장	연곡, 사근진, 사천진, 사천, 순긋, 경포, 강문, 송정, 안목, 동명, 정동진, 금진, 옥계, 망상리조트, 망상, 추암, 증산, 삼척, 맹방, 덕산, 용화, 장호	해수욕장 개장기간	물놀이 한계선으로부터 외측 10M 해상까지 ※ 모든 수상레저기구
	울진서 (14개소) 해수욕장	나곡, 후정, 봉평, 망양, 기성망양, 구산, 후포, 고래불, 대진, 경정, 오보, 하저, 남호, 장사	해수욕장 개장기간	수영경계선 내측 수역 및 외측 10m 수역 ※ 모든 수상레저기구
	포항서 (12개소) 해수욕장	화진, 월포, 칠포, 영일대, 도구, 구룡포, 오류, 전촌, 나정, 봉길, 관성	해수욕장 개장기간	수영 경계선 기준 내측 해상 및 외측 10m 이내 해상 ※ 모든 수상레저기구
	기타지역	송도유원지	연중	잠제설치 구역 기준으로 내측해상 50m, 외측해상 100m, 방파제측으로 50m 이내의 해상 ※ 모든 수상레저기구

구분			장소	금지기간	금지구역
서해	완도서 (8개소)	해수욕장	명사십리, 중리, 예송리, 송호리, 사구미, 가사리, 금일 해당화	해수욕장 개장기간	수영금지선 내측 또는 금지선 미설치시 해안선으로부터 50~150m ※ 모든 수상레저기구
		기타지역	정도리 유원지	연중	수영금지선 내측 또는 금지선 미설치시 해안선으로부터 70m ※ 모든 수상레저기구
	목포서 (10개소)	해수욕장	외달도, 가마미, 대광, 우전, 홀통, 톱머리, 가계, 금갑, 관매도	해수욕장 개장기간	수영금지선 외측 20m 해상까지(가미미 해수욕장은 영광원전 방파제측면 50m 포함), 또는 금지선 미설치시 (톱머리, 금갑 해안으로부터 70m까지 / 외달도, 관매도, 가계해안선으로부터 80m까지 / 우전 해안으로부터 100m까지 / 홀통 해안으로부터 120m까지 / 가미미 해안으로부터 220m까지 / 대광 해안으로부터 500m까지) ※ 동력수상레저기구
		기타지역	진도대교 수로(1)	연중	진도대교를 기준으로 좌·우 300m 이내 해상 ※모든 수상레저기구
	부안서 (11개소)	해수욕장	변산, 격포, 고사포, 모항, 상록, 위도, 동호, 구시포	해수욕장 개장기간	수영경계선 기준 내측해상 및 외측 20M 이내 ※ 동력수상레저기구
		기타지역	가력도 배수관문	연중	기준점 A(35-43-53.61N 126-31-25.97E), 기준점 B(35-43-32.93N 126-31-56.77E), 기준점 A(35-44-13.08N 126-30-53.97E), 기준점 B(35-43-46.33N 126-31-31.63E), 기준점 C(35-43-07.05N 126-31-35.95E), 기준점D(35-43-20.08N 126-32-08.98E)의 각 지점 연결선 내측해역 ※ 모든 수상레저기구
			변산 대명리조트 앞 해상	연중	5-38-10N 126-27-80E 35-37-80N 126-28-20E의 각 지점을 연결한 내측수역 ※ 모든 수상레저기구
			미여도(쌍여도) 주변 해상	연중 ※주말, 공휴일 제외	전북 고창군 미여도(쌍여도) 서방 끝단으로부터 주변 1.5해리권 해상 ※ 모든 수상레저기구

구분			장소	금지기간	금지구역
서해	군산 (5개소)	해수욕장	선유도	해수욕장 개장기간	수영경계선 기준 내측해상 및 외측 20m 이내 ※동력수상레저기구
		기타지역	신시도 배수관문	연중	기준점 A(35-48-56.47N 126-28-38.06E), 기준점 B(35-48-43.61N 126-28-55.43E), 기준점 A(35-48-39.13N 126-28-23.85E), 기준점 B(35-48-41.83N 126-28-04.10E), 기준점 C(35-48-11.67N 126-28-19.80E), 기준점D(35-48-13.93N 126-29-11.15E) 의 각 지점 연결선 내측해역 ※ 모든 수상레저기구
			군산시 옥서면 선연리 미공군 활주로 끝단 전면 해상	연중	[전북 군산시 옥서면 선연리 하제 인근 해상] 금지구역 기점 1 : 35°53′13″N, 126°36′39″E 금지구역 기점 2 : 35°52′56″N, 126°37′48″E 금지구역 기점 3 : 35°52′03″N, 126°36′39″E 금지구역 기점 4 : 35°51′46″N, 126°37′48″E) 의 지점을 연결한 내측 수역 ※ 모든 수상레저기구
			비응항 주변 해상	연중	[전북 군산시 비응도동 비응항 주변 해상] 기준점A:35°56′05″N,126°31′31″E 기준점B:35°55′41″N,126°31′05″E 기준점C:35°55′41″N,126°31′48″E의 지점을 연결한 내측수역 ※ 모든 수상레저기구
			직도 주변 해상	연중	전북 군산시 직도 서방 끝단으로부터 주변 3해리권 해상 ※ 모든 수상레저기구
	여수서 (11개소)	해수욕장	만성리, 방죽포, 장등, 발포, 나로도, 율포, 익금, 대전, 덕홍, 남일	해수욕장 개장기간	수영경계선 기준 내측해상 및 외측 10M 이내 ※ 모는 수상레저기구

구분		장소	금지기간	금지구역
서해	여수서 (11개소)	해수욕장	웅천친수공원	7월1일~ 해수욕장 폐장시	수영경계선 기준 내측해상 및 외측 10M 이내 ※ 모든 수상레저기구 웅천해양레저체험장 (34-44-44N, 127-40-09E) ~ 장도 큰바위(34-44-32N, 127-39-56E)를 직선으로 연결한 선의 웅천친수공원 해수욕장 쪽 해상 (수영경계선 기준 내측해상 및 외측 10M 이내 해상 제외) ※ 동력 수상레저기구
남해	부산서 (5개소)	해수욕장	송정, 해운대, 광안리, 송도, 다대포	해수욕장 개장기간	해수욕장 안전수역 및 레저활동금지 구역 부표 이내 해역(해안선으로부터 100M 이내 해상, 단 다대포 120M 이내) ※ 모든 수상레저기구
	통영서 (23개소)	해수욕장	남일대, 비진도, 통영공설(도남), 봉암, 대항, 학동, 와현, 구조라, 명사, 송정, 상주, 두곡·월포, 덕포, 사촌, 죽림, 농소, 물안(옆개), 흥남	해수욕장 개장기간	수영경계선 안쪽 및 외측 10m 이내 해상 (단, 수영경계선이 설치되지 않은 지역은 해안선으로부터 50M 이내 해상) ※ 모든 수상레저기구
		기타지역	사곡만유원지, 하이면재전마을유원지, 일운면망치마을유원지	7.1~8.31	해안선으로부터 50m 이내 해상 ※ 모든 수상레저기구
			상족암유원지, 당항포유원지	연중	무동력 영업구역내 ※ 동력수상레저기구
	울산서 (4개소)	해수욕장	일산, 진하, 일광, 임랑	해수욕장 개장기간	수영경계선 기준 내측해상 및 외측 20M 이내(일산해수욕장) 수영경계선 기준 내측해상 및 외측 30M 이내(일광, 임랑해수욕장) 수영경계선 기준 내측해상 및 외측 50M 이내(진하해수욕장) ※ 모든 수상레저기구
	창원서 (1개소)	해수욕장	광암	해수욕장 개장기간	수영경계선 안쪽 및 외측 10m 이내 해상 ※ 모든 수상레저기구

구분			장소	금지기간	금지구역
제주	제주서 (7개소)	해수욕장	김녕, 함덕, 삼양, 이호, 곽지, 협재, 금능	해수욕장 개장기간	수영경계선 외측 10m부터 내측해역 ※ 모든 수상레저기구
	서귀포 (4개소)	해수욕장	중문, 화순, 표선, 신양	해수욕장 개장기간	수영경계선 기준 내측해상 및 외측 10M 이내 ※ 모든 수상레저기구

※ 수상레저활동 금지구역은 해양경찰청 홈페이지를 통해 최신 자료를 확인하여야 한다.

부록 3.

부산 해양경찰서
수상레저활동 금지구역
지정 고시

부산해양경찰서(해양안전과), 051-664-2251

□ 수상레저활동 금지구역 대상

1. 구 역

가. 부산광역시 해운대구 송정동 송정해수욕장 레저활동 금지구역 지정부표
- 해안선으로부터 50M 이내 물놀이 구역, 물놀이 구역 50M 포함 100M 이내 해상 수상레저활동 접근 금지
- 무동력 수상레저활동에 한해 송정해변주차장 육군휴양소 2, 3번 화단 중간 지점에 허용(폭 120M 확보, 안전구역 좌, 우 각 20M 별도)
- 물놀이구역과 수상레저구역 사이 20M 구간은 안전구역(Safety Zone)

나. 부산광역시 해운대구 우동 해운대해수욕장 레저활동 금지구역 지정부표
- 해안선으로부터 50M 이내 물놀이 구역, 물놀이 안전구역 50M 포함 100M 이내 해상 수상레저활동 접근 금지
- 팔레드시즈 끝 지점부터 미포돌제 사이 구간에 한하여 동력 및 무동력 수상레저기구 활동 허용(약 300M 구간)
- 물놀이구역과 수상레저구역 사이 20M 구간은 안전구역(Safety Zone)
- 무동력 수상레저기구 활동 구역은 파라다이스호텔과 미포돌제 사이 구간에 대하여 일출 전 30분부터 09시까지, 18시부터 일몰 후 30분까지에 한하여 임시적으로 허용(단, 기상악화시 안전요원의 통제에 따른다)
- 부분개장기간(6.1~6.30)에 한하여 관광안내소에서 이벤트광장 사이(약 400M) 구간은 물놀이구역에 해당하며, 그 외 구역은 수상레저활동이 가능

※ 단, 물놀이구역 양쪽으로 20M 구간은 안전구역(Safety Zone)

다. 부산광역시 수영구 민락동 광안리해수욕장 레저활동 금지구역 지정부표
- 동력 수상레저활동 금지구역

  해안선 바깥쪽 방향 150M 이내 해상(수영안전수역 50M, 금지수역 50M, 무동력
  수상레저활동 구역 50M 이내 접근금지)
- 무동력 수상레저활동 금지구역

  해안선으로부터 100M 이내 해상(수영안전수역 50M, 금지수역 50 이내 접근 금지)

※ 무동력 수상레저기구 진출입로는 해양레포츠센터에서 언양불고기 삼거리
  좌측 끝지점(가로) 직선에서 해안선 바깥쪽 방향 150M 해상(세로)

라. 부산광역시 사하구 다대동 다대포해수욕장 레저활동 금지구역 지정부표
- 해안선으로부터 120M 이내 해상(수영안전수역70M, 금지수역 50 이내 접근 금지)
- 해수욕장공영주차장 좌측끝단에서 해안선 바깥쪽으로 120M 해상
- 레저기구 출입로는 몰운대 우측끝단에서 바깥쪽으로 120M 해상(폭50)

마. 부산광역시 서구 암남동 송도해수욕장 레저활동 금지구역 지정부표
- 해안선으로부터 100M 이내 해상(수영안전수역 50M, 금지수역 50 이내 접근 금지)
  역5레저기구 이용자 출입로는 해수욕장 서편방파제에서 그늘막(쉼터)까지 직
  선에서 해안선 바깥쪽으로 100M 해상
  역5송도 다이빙대 외측 20M까지 금지구역 부표설치 및 해안선에서 송도 다
  이빙대까지 출입로 확보

※ 송도 다이빙대 주변 20M부표이내 수상레저기구 접근금지 (모든 동력·무동력
  수상레저기구)

바. 해수욕장별 금지구역 지정 내용(도면참조)

2. 기 간 : 매년 해수욕장 개장기간

3. 대 상 : 모든 동력 및 무동력 수상레저기구

○ 재검토 기한: 「훈령·예규 등의 발령 및 관리에 관한 규정」(대통령훈령 제334
   호)에 따라 이 고시 발령 후의 법령이나 현실여건의 변화 등을 검토하여 이
   고시의 폐지, 개정 등의 조치를 하여야 하는 기한은 2021년 6월 18일까지
   로 한다.

별첨. 부산 해양경찰서 수상레저활동 금지구역

① 송정해수욕장

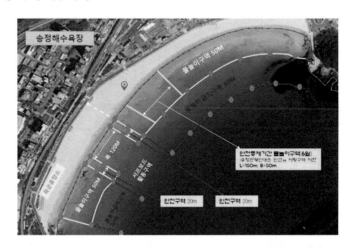

② 해운대해수욕장

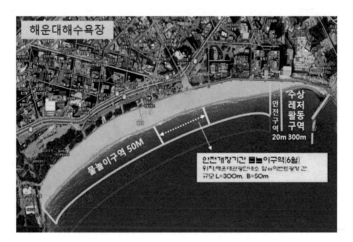

③ 광안리해수욕장

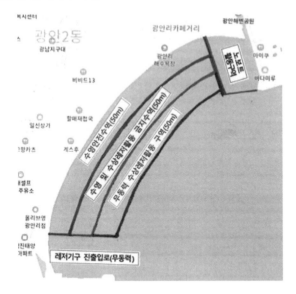

④ 다대포해수욕장

⑤ 송도해수욕장

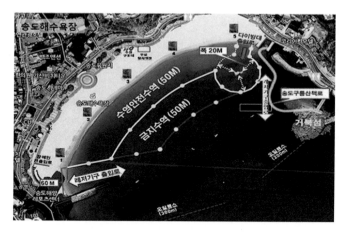

※ 부산 해수욕장별 수상레저활동 금지구역은 해양경찰청 홈페이지를 통해 최신 자료를 확인하여야 한다.

부록 4.

부산 해양경찰서
해양레저활동
허가대상수역 고시

부산해양경찰서(해양안전과), 051-664-2251

해사안전법 제34조제3항 및 같은 법 시행령 제10조 제1항에 의거 해양레저활동 허가대상수역을 다음과 같이 고시 하오니, 아래 수역 내에서 해양레저활동을 하고자 하시는 분은 구명설비 등 안전에 필요한 장비를 갖추고 사전에 부산해양경찰서장의 허가를 받으시기 바랍니다.

□ 해양레저 허가대상 수역

순번	항구명	소재지	고시구역 세계측지계(WGS-84)
1	부산	부산시	제1항로 부근 (부산항로) 다음 각호의 기점을 순차적으로 연결한 선안의 해역 ① 북위 35°-04′-50.8″ 동경 129°-04′-46.4″ ② 북위 35°-05′-06.4″ 동경 129°-05′-20.0″ ③ 북위 35°-05′-01.0″ 동경 129°-05′-37.4″ ④ 북위 35°-04′-00.5″ 동경 129°-06′-45.5″ ⑤ 북위 35°-05′-15.0″ 동경 129°-07′-30.3″ ⑥ 북위 35°-05′-57.0″ 동경 129°-07′-08.5″ 제2항로 부근 (남항항로 및 남항) 다음 각호의 기점을 순차적으로 연결한 선안의 해역 ① 북위 35°-04′-52.2″ 동경 129°-02′-28.0″ ② 북위 35°-02′-00.0″ 동경 129°-04′-36.0″ ③ 북위 35°-01′-24.0″ 동경 129°-01′-36.0″ ④ 북위 35°-03′-11.0″ 동경 129°-00′-56.0″ ⑤ 북위 35°-03′-42.0″ 동경 129°-01′-21.0″ ⑥ 북위 35°-04′-34.0″ 동경 129°-01′-26.0″ 제3항로 부근 (감천항로 및 다대포항) 다음 각호의 기점을 순차적으로 연결한 선안의 해역 ① 북위 35°-03′-11.0″ 동경 129°-00′-56.0″ ② 북위 35°-01′-24.0″ 동경 129°-01′-36.0″ ③ 북위 35°-00′-55.0″ 동경 128°-59′-08.0″ ④ 북위 35°-03′-00.0″ 동경 128°-58′-54.0″

순번	항구명	소재지	고시구역 세계측지계(WGS-84)
2	송정항	부산 해운대구	다음 각호의 기점을 순차적으로 연결한 선안의 해역 ① 북위 35°-10´-43.0˝ 동경 129°-12´-24.0˝ ② 북위 35°-10´-34.0˝ 동경 129°-12´-24.0˝ ③ 북위 35°-10´-34.0˝ 동경 129°-12´-54.0˝ ④ 북위 35°-10´-56.0˝ 동경 129°-12´-48.0˝
3	청사포항	부산 해운대구	다음 각호의 기점을 순차적으로 연결한 선안의 해역 ① 북위 35°-09´-18.0˝ 동경 129°-11´-00.0˝ ② 북위 35°-09´-12.0˝ 동경 129°-11´-00.0˝ ③ 북위 35°-09´-12.0˝ 동경 129°-12´-24.0˝ ④ 북위 35°-09´-54.0˝ 동경 129°-12´-24.0˝ ⑤ 북위 35°-09´-54.0˝ 동경 129°-11´-50.0˝
4	우동항	부산 수영구	다음 각호의 기점을 연결한 선안의 해역 ① 북위 35°-09´-41.5˝ 동경 129°-08´-06.0˝ ② 북위 35°-09´-43.8˝ 동경 129°-08´-04.5˝
5	민락항	부산 수영구	다음 각호의 기점을 순차적으로 연결한 선안의 해역 ① 북위 35°-09´-10.5˝ 동경 129°-07´-28.0˝ ② 북위 35°-09´-06.0˝ 동경 129°-07´-28.0˝ ③ 북위 35°-09´-06.0˝ 동경 129°-08´-04.0˝ ④ 북위 35°-09´-16.0˝ 동경 129°-08´-04.0˝

※ 해양레저활동 허가대상수역은 관할 해양경찰서 홈페이지 등을 통해 최신 자료를 확인하여야 한다.

○ 고시수역에서 기타 다른 법률의 규정에 의하여 허가 또는 신고된 활동은 적용 제외 한다.

○ 재검토 기한: 부산해양경찰서장은 이 고시에 대하여 「훈령·예규 등의 발령 및 관리에 관한 규정」에 따라 2021년 7월 1일 기준으로 매 3년이 되는 시점(매 3년째의 6월 30일까지를 말한다)마다 그 타당성을 검토하여 개선 등의 조치를 하여야 한다.

별첨. 부산 해양경찰서 해양레제활동 허가수역도

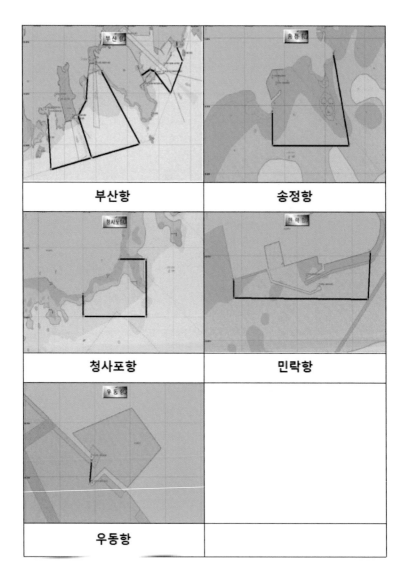

부산항	송정항
청사포항	민락항
우동항	

수상레저안전법령
요약

「수상레저안전법」

제2조(정의) 이 법에서 사용하는 용어의 뜻은 다음과 같다.

1. "수상레저활동"이란 수상水上에서 수상레저기구를 이용하여 취미·오락·체육·교육 등을 목적으로 이루어지는 활동을 말한다.

2. (생략)

3. "수상레저기구"란 수상레저활동에 이용되는 선박이나 기구로서 대통령령으로 정하는 것을 말한다.

4. "동력수상레저기구"란 추진기관이 부착되어 있거나 추진기관을 부착하거나 분리하는 것이 수시로 가능한 수상레저기구로서 대통령령으로 정하는 것을 말한다.

5. "수상"이란 해수면과 내수면을 말한다.

6. "해수면"이란 바다의 수류나 수면을 말한다.

7. "내수면"이란 하천, 댐, 호수, 늪, 저수지, 그 밖에 인공으로 조성된 담수나 기수汽水의 수류 또는 수면을 말한다.

제17조(안전장비의 착용) 수상레저활동을 하는 자는 구명조끼 등 인명안전에 필요한 장비를 해양수산부령으로 정하는 바에 따라 착용하여야 한다.

제18조(운항규칙) 수상레저활동을 하는 자가 수상레저기구를 조종하여 운항할 때에는 대통령령으로 정하는 바에 따라 운항속도·운항방법 등에 관한 운항규칙을 지켜야 한다.

제19조(원거리 수상레저활동의 신고 등) ① 출발항으로부터 10해리 이상 떨어진 곳에서 수상레저활동을 하려는 자는 해양수산부령으로 정하는 바에 따라 해양경찰관서나 경찰관서에 신고하여야 한다. 다만, 「선박의 입항 및 출항 등에 관한 법률」 제4조에 따른 출입 신고를 하거나 「선박입진 조입규식」 제15조에 따른 출항·입항 신고를 한 선박인 경우에는 그러하지 아니하다.

② 제1항에도 불구하고 제30조제3항에 따른 등록 대상 동력수상레저기구가 아닌 수상레저기구로 수상레저활동을 하려는 자는 출발항으로부터 10해리 이상 떨어진 곳에서 수상레저활동을 하여서는 아니 된다. 다만, 안전관리 선박의 동행, 선단의 구성 등 해양수산부령으로 정하는 경우에는 그러하지 아니하다.

③ 수상레저활동을 하는 자는 수상레저기구에 동승한 자가 사고로 사망·실종 또는 중상을 입은 경우에는 해양수산부령으로 정하는 바에 따라 지체 없이 해양경찰관서나 경찰관서 또는 소방관서 등 관계 행정기관의 장에게 신고하여야 한다.

④ 제1항에 따른 신고를 받은 관계 행정기관의 장은 인명구조 활동, 사고 수습 등을 위하여 필요한 조치를 하여야 한다.

제21조(야간 수상레저활동의 금지) ① 누구든지 해진 후 30분부터 해뜨기 전 30분까지는 수상레저활동을 하여서는 아니 된다. 다만, 해양수산부령으로 정하는 바에 따라 야간 운항장비를 갖춘 수상레저기구를 이용하는 경우에는 그러하지 아니하다.

② 해양경찰서장이나 시장·군수·구청장(구청장은 자치구의 구청장을, 특별자치시의 경우에는 특별자치시장을, 특별자치도의 경우에는 특별자치도지사를, 서울특별시 한강의 경우에는 서울특별시의 한강 관리에 관한 업무를 관장하는 기관의 장을 말한다. 이하 이 장, 제4장, 제6장 및 제7장에서 같다)은 필요하다고 인정하면 일정한 구역에 대하여 해양수산부령으로 정하는 바에 따라 제1항 본문에 따른 시간을 조정할 수 있다.

③ 해양경찰서장이나 시장·군수·구청장은 제2항에 따라 시간을 조정한 경우에는 수상레저활동을 하는 자가 보기 쉬운 장소에 그 사실을 공고하여야

한다.

제22조(주취 중 조종 금지) ① 누구든지 술에 취한 상태(「해사안전법」 제41조제5항에 따른 술에 취한 상태를 말한다. 이하 같다)에서 동력수상레저기구를 조종하여서는 아니 된다.

② 다음 각 호에 해당하는 사람(이하 이 조에서 "관계공무원"이라 한다)은 동력수상레저기구를 조종한 사람이 제1항을 위반하였다고 인정할 만한 상당한 이유가 있는 경우에는 술에 취하였는지를 측정할 수 있다. 이 경우 동력수상레저기구를 조종한 사람은 그 측정에 따라야 한다.
  1. 경찰공무원
  2. 시·군·구 소속 공무원 중 수상레저안전업무에 종사하는 사람

③ 제2항에 따라 관계공무원(근무복을 착용한 경찰공무원은 제외한다)이 술에 취하였는지 여부를 측정하는 때에는 그 권한을 표시하는 증표를 지니고 이를 해당 동력수상레저기구를 조종한 사람에게 제시하여야 한다.

④ 제2항에 따라 술에 취하였는지 여부를 측정한 결과에 불복하는 사람에 대해서는 본인의 동의를 받아 혈액채취 등의 방법으로 다시 측정할 수 있다.

제23조(약물복용 등의 상태에서 조종 금지) 누구든지 「마약류 관리에 관한 법률」 제2조에 따른 마약·향정신성의약품·대마의 영향, 「화학물질관리법」 제22조에 따른 환각물질의 영향, 그 밖의 사유로 인하여 정상적으로 조종하지 못할 우려가 있는 상태에서 동력수상레저기구를 조종하여서는 아니 된다.

제24조(정원 초과 금지) 누구든지 대통령령으로 정하는 바에 따라 그 수상레저기구의 정원을 초과하여 사람을 태우고 운항하여서는 아니 된다.

제25조(수상레저활동 금지구역의 지정 등) ① 해양경찰서장 또는 시장·군수·구청장은 수상레저활동의 안전을 위하여 필요하다고 인정하면 수상레저활동 금지구역(수상레저기구별 수상레저활동 금지구역을 포함한다)을 지정할 수 있다.

② 누구든지 제1항에 따라 지정된 금지구역에서 수상레저활동을 하여서는 아니 된다.

제26조(시정명령) 해양경찰서장 또는 시장·군수·구청장은 수상레저활동의 안전을 위하여 필요하다고 인정하면 수상레저활동을 하는 사람 또는 수상레저활동을 하려는 사람에게 다음 각 호의 사항을 명할 수 있다. 다만, 수상레저활동을 하려는 사람에 대한 시정명령은 사고의 발생이 명백히 예견되는 경우로 한정한다.
 1. 수상레저기구의 탑승(수상레저기구에 의하여 밀리거나 끌리는 경우를 포함한다. 이하 같다) 인원의 제한 또는 조종자의 교체
 2. 수상레저활동의 일시정지
 3. 수상레저기구의 개선 및 교체

제27조(일시정지·확인 등) ① 관계 공무원은 수상레저기구를 타고 있는 자가 이 법 또는 이 법에 따른 명령을 위반하였다고 인정하는 경우에는 수상레저기구를 멈추게 하고 이를 확인하거나 그 수상레저활동을 하는 자에게 면허증이나 신분증의 제시를 요구할 수 있다.

② 관계 공무원은 제1항에 따라 수상레저기구를 멈추게 하고 면허증 등의 제시를 요구하는 경우에는 그 권한을 표시하는 증표를 지니고 이를 관계인에게 내보여야 한다.

제56조(벌칙) 다음 각 호의 어느 하나에 해당하는 자는 1년 이하의 징역 또는 1,000만 원 이하의 벌금에 처한다.

1. (생략)

2. 제22조제1항을 위반하여 술에 취한 상태에서 동력수상레저기구를 조종한 자

3. 술에 취한 상태라고 인정할 만한 상당한 이유가 있는데도 제22조제2항에 따른 관계공무원의 측정에 따르지 아니한 자

3의2. 제23조를 위반하여 약물복용 등으로 인하여 정상적으로 조종하지 못할 우려가 있는 상태에서 동력수상레저기구를 조종한 자

4. ~ 5. (생략)

제59조(과태료) ① 다음 각 호의 어느 하나에 해당하는 자에게는 100만 원 이하의 과태료를 부과한다.

1. (생략)

2. 제17조를 위반하여 인명안전장비를 착용하지 아니한 자

3. 제18조를 위반하여 운항규칙을 지키지 아니한 자

4. 제19조제1항 또는 제3항을 위반하여 신고를 하지 아니한 자

4의2. 제19조제2항을 위반하여 등록 대상이 아닌 수상레저기구로 출발항으로부터 10해리 이상 떨어진 곳에서 수상레저활동을 한 자

5. 제21조제1항 및 제2항에 따른 수상레저활동 시간 외에 수상레저활동을 한 자

6. 제24조를 위반하여 정원을 초과하여 사람을 태우고 수상레저기구를 조종한 자

7. 제25조제2항을 위반하여 수상레저활동 금지구역에서 수상레저활동을 한 자

8. ~ 13. (생략)

② 다음 각 호의 어느 하나에 해당하는 자에게는 50만 원 이하의 과태료를 부과한다.

1. (생략)

2. 제26조에 따른 시정명령을 이행하지 아니한 사람

3. 제27조에 따른 일시정지나 면허증·신분증의 제시명령을 거부한 자

4. ~ 8. (생략)

③ 제1항과 제2항에 따른 과태료는 대통령령으로 정하는 바에 따라 해양경찰청장, 해양경찰서장, 시장·군수·구청장(서울특별시 한강의 경우에는 서울특별시의 한강 관리에 관한 업무를 관장하는 기관의 장을 말하며, 이하 이 조에서 "부과권자"라 한다)이 부과·징수한다.

④ ~ ⑦ (생략)

「수상레저안전법 시행령」

제2조(정의) ① 「수상레저안전법」(이하 "법"이라 한다) 제2조제3호에서 "대통령령으로 정하는 것"이란 다음 각 호의 어느 하나에 해당하는 것을 말한다.

1. 모터보트
2. 세일링요트(돛과 기관이 설치된 것을 말한다. 이하 같다)
3. 수상오토바이
4. 고무보트
5. 스쿠터
6. 공기부양정(호버크래프트)
7. 수상스키
8. 패러세일
9. 조정
10. 카약
11. 카누
12. 워터슬레드
13. 수상자전거
14. 서프보드
15. 노보트
16. 그 밖에 제1호부터 제15호까지의 수상레저기구와 비슷한 구조·형태 및 운전방식을 가진 것으로서 해양수산부령으로 정하는 것

② 법 제2조제4호에서 "대통령령으로 정하는 것"이란 다음 각 호의 어느 하나에 해당하는 것을 말한다.

1. 제1항제1호부터 제6호까지의 어느 하나에 해당하는 것
2. 제1항제16호에 해당하는 것(제1호와 비슷한 구조·형태 및 운전방식을 가진 것에 한정한다) 중 해양수산부령으로 정하는 것

제15조(운항규칙) 법 제18조에 따라 수상레저활동자가 지켜야 하는 운항규칙은 별표 7과 같다.

제18조(정원 초과 금지) ① 법 제24조에 따른 수상레저기구의 정원은 법 제37조에 따른 안전검사에 따라 결정되는 정원으로 한다.

② 법 제30조에 따른 등록의 대상이 되지 아니하는 수상레저기구의 정원은 해당 수상레저기구의 좌석 수 또는 형태 등을 고려하여 해양경찰청장이 정하여 고시하는 정원산출 기준에 따라 산출한다.

③ 제1항 및 제2항에 따라 정원을 산출할 때에는 수난구호나 그 밖의 부득이한 사유로 승선한 인원은 정원으로 보지 아니한다.

제40조(과태료의 부과기준) 법 제59조제1항 및 제2항에 따른 과태료의 부과기준은 별표 11과 같다.

■ 수상레저안전법 시행령 [별표 11]

과태료의 부과기준(제40조 관련)

1. 일반기준

가. 위반행위의 횟수에 따른 과태료 부과 기준은 최근 1년간 같은 위반행위로
   과태료를 부과받은 경우에 적용한다. 이 경우 기간의 계산은 위반행위에
   대하여 과태료 부과처분을 받은 날과 그 처분 후 다시 같은 위반행위를 하
   여 적발된 날을 기준으로 한다.

나. 가목에 따라 가중된 부과처분을 하는 경우 가중처분의 적용 차수는 그 위
   반행위 전 부과처분 차수(가목에 따른 기간 내에 과태료 부과처분이 둘 이상 있
   었던 경우에는 높은 차수를 말한다)의 다음 차수로 한다.

다. 부과권자는 다음의 어느 하나에 해당하는 경우에는 제2호에 따른 과태료
   금액의 2분의 1의 범위에서 그 금액을 감경할 수 있다.

  1) 위반행위가 사소한 부주의나 오류로 인한 것으로 인정되는 경우

  2) 위반행위자의 법 위반상태를 시정하거나 해소하기 위한 노력이 인정되는
     경우

  3) 그 밖에 위반행위의 정도, 위반행위의 동기와 결과 등을 고려하여 감경할
     필요가 있다고 인정되는 경우

라. 부과권자는 다음의 어느 하나에 해당하는 경우에는 제2호에 따른 과태료
   금액의 2분의 1의 범위에서 가중할 수 있다. 다만, 법 제59조제1항 및 제2
   항에 따른 과태료 금액의 상한을 넘을 수 없다.

  1) 위반의 내용·정도가 중대하여 다른 사람에게 미치는 피해가 크다고 인정
     되는 경우

  2) 법 위반상태의 기간이 6개월 이상인 경우

  3) 그 밖에 위반행위의 정도, 위반행위의 동기와 결과 등을 고려하여 가중할
     필요가 있다고 인정되는 경우

2. 개별기준

(단위: 만 원)

위반행위	근거 법조문	과태료 금액		
가. ~ 나. (생략)	법 제59조 제2항제1호	20		
다. 법 제17조를 위반하여 인명안전장 비를 착용하지 않은 경우	법 제59조 제1항제2호	10		
라. 법 제18조를 위반하여 운항규칙을 지키지 않은 경우	법 제59조 제1항제3호	1회 위반	2회 위반	3회 이상 위반
		10	20	30
마. 법 제19조제1항 또는 제3항을 위반 하여 신고를 하지 않은 경우	법 제59조 제1항제4호	20		
바. 법 제19조제2항을 위반하여 등록 대상이 아닌 수상레저기구로 출발 항으로부터 10해리 이상 떨어진 곳에서 수상레저활동을 한 경우	법 제59조 제1항제4호의2	20		
사. 법 제21조제1항 및 제2항에 따른 수상레저활동 시간 외에 수상레저 활동을 한 경우	법 제59조 제1항제5호	60		
아. 법 제24조를 위반하여 정원을 초 과하여 사람을 태우고 수상레저기 구를 조종한 경우	법 제59조 제1항제6호	60		
자. 법 제25조제2항을 위반하여 수상 레저활동 금지구역에서 수상레저 활동을 한 경우	법 제59조 제1항제7호	60		
차. ~ 퍼.(생략)				

「수상레저안전법 시행규칙」

제14조(인명안전장비의 착용) ① 수상레저활동을 하는 사람은 법 제17조에 따라 해양경찰서장 또는 시장·군수·구청장(구청장은 자치구의 구청장을 말하고, 특별자치시의 경우에는 특별자치시장을, 특별자치도의 경우에는 특별자치도지사를 말하며, 서울특별시 한강의 경우에는 서울특별시의 한강 관리에 관한 업무를 관장하는 기관의 장을 말한다. 이하 이 장 및 제5장에서 같다)이 인명안전장비에 관하여 특별한 지시를 하지 않는 경우에는 구명조끼[서프보드 또는 패들보드를 이용한 수상레저활동의 경우에는 보드 리쉬(board leash: 서프보드 또는 패들보드와 발목을 연결하여 주는 장비를 말한다)를 말한다]를 착용해야 하며, 워터슬레드를 이용한 수상레저활동 또는 래프팅을 할 때에는 구명조끼와 함께 안전모를 착용해야 한다.

② 해양경찰서장 또는 시장·군수·구청장은 수상레저활동의 형태, 수상레저기구의 종류 및 날씨 등을 고려하여 수상레저활동자가 착용하여야 할 구명조끼·구명복 또는 안전모 등 인명안전장비의 종류를 정하여 특별한 지시를 할 수 있다.

③ 해양경찰서장 또는 시장·군수·구청장은 제2항에 따라 수상레저활동자가 착용하여야 하는 인명안전장비의 종류를 특별히 지시할 때에는 수상레저활동자가 보기 쉬운 장소에 그 사실을 게시하여야 한다.

제15조(원거리 수상레저활동의 신고) ① 법 제19조제1항 본문에 따라 원거리 수상레저활동을 신고하려는 자는 별지 제21호서식의 원거리 수상레저활동 신고서를 해양경찰관서 또는 경찰관서에 제출(인터넷 또는 팩스를 이용한 제출을 포함한다)하여야 한다.

② 법 제19조제2항 단서에서 "안전 관리 선박의 동행, 선단의 구성 등 해양수산부령으로 정하는 경우"란 다음 각 호의 어느 하나에 해당하는 경우를

말한다.

1. 「선박안전법 시행규칙」 제15조제1항에 따른 연해구역, 근해구역 또는 원양구역을 항해구역으로 하는 동력수상레저기구와 500미터 이내의 거리에서 동행하여 수상레저활동을 하는 경우
2. 위치를 확인할 수 있는 통신기기를 구비한 수상레저기구 2대 이상으로 선단(船團)을 구성하여 선단 내의 수상레저기구 간에 500미터(무동력수상레저기구 간에는 200미터를 말한다) 이내의 거리를 유지하며 수상레저활동을 하는 경우

원거리 수상레저활동 신고서

접수번호	접수일자	담당자	처리기간 즉시

신고인	성명		생년월일	
	주소		전화번호	
수상레저 기구제원	종류		기구명	총톤수
	재질		정원	활동자 수

신고사항	출항	일시		장소	주 활동지
	입항예정	일시		장소	
	동승자	성명	생년월일	주소	전화번호

	법 제30조제3항에 따른 등록 대상 동력수상레저기구가 아닌 경우에 기재			
	① 안전 관리 선박의 동행	선박명(총톤수)	항해구역	운항자 성명(전화번호)
	② 선단 의 구성	기구의 명칭	운항자 성명	생년월일	전화번호

「수상레저안전법」 제19조제1항·제2항 및 같은 법 시행규칙 제15조에 따라 위와 같이 신고합니다.

년 월 일

신고인 (서명 또는 날인)

해양경찰서장 귀하

유 의 사 항

1. 법 제30조제3항에 따른 등록 대상 동력수상레저기구가 아닌 수상레저기구로 원거리 출항을 하는 경우에는 ① 안전 관리 선박의 동행 또는 ② 선단의 구성 중 한 가지를 반드시 기재해야 합니다.

   ※ 제30조제3항에 따른 등록 대상 수상레저기구: 수상오토바이, 20톤 미만 모터보트, 20톤 미만 세일링 요트, 30마력 이상 고무보트

2. 선단을 구성하는 경우에는 위치를 확인할 수 있는 통신기기를 구비해야 합니다.

제16조(사고의 신고) 법 제19조제3항에 따라 사고를 신고하려는 자는 전화·팩스 또는 그 밖의 적절한 방법으로 다음 각 호의 사항을 신고해야 한다.

1. 사고 발생의 날짜, 시간 및 장소
2. 사고와 관련된 수상레저기구의 종류
3. 사고자 및 조종자의 인적사항
4. 피해상황 및 조치사항

제18조(야간 운항장비) ① 법 제21조제1항 단서에 따라 야간 수상레저활동을 하려는 사람이 갖추어야 하는 운항장비는 다음 각 호와 같다.

1. 항해등
2. 나침반
3. 야간 조난신호장비
4. 통신기기
5. 전등
6. 구명튜브
7. 소화기
8. 자기점화등
9. 위성항법장치
10. 등(燈)이 부착된 구명조끼

② 제1항에도 불구하고 내수면의 경우 관할 시장·군수·구청장이 수면의 넓이, 물의 세기 및 깊이 등을 고려하여 야간 운항을 하는 데에 위험성이 없다고 인정할 때에는 제1항제2호 및 제6호부터 제9호까지의 운항장비 중 일부를 갖추지 아니하게 할 수 있다.

③ 시장·군수·구청장은 제2항에 따라 야간 운항장비의 일부를 갖추지 아니할 수 있게 한 경우에는 수상레저활동자가 보기 쉬운 장소에 그 사실을 공고하여야 한다.

부록 6.

해사안전법령
요약

「해사안전법」

제34조(항로 등의 보전) ① 누구든지 항로에서 다음 각 호의 어느 하나에 해당하는 행위를 하여서는 아니 된다.

  1. 선박의 방치
  2. 어망 등 어구의 설치나 투기

  ② 해양경찰서장은 제1항을 위반한 자에게 방치된 선박의 이동·인양 또는 어망 등 어구의 제거를 명할 수 있다.

  ③ 누구든지 「항만법」 제2조제1호에 따른 항만의 수역 또는 「어촌·어항법」 제2조제3호에 따른 어항의 수역 중 대통령령으로 정하는 수역에서는 해상교통의 안전에 장애가 되는 스킨다이빙, 스쿠버다이빙, 윈드서핑 등 대통령령으로 정하는 행위를 하여서는 아니 된다. 다만, 해상교통안전에 장애가 되지 아니한다고 인정되어 해양경찰서장의 허가를 받은 경우와 「체육시설의 설치·이용에 관한 법률」 제20조에 따라 신고한 체육시설업과 관련된 해상에서 행위를 하는 경우에는 그러하지 아니하다.

  ④ 해양경찰서장은 제3항에 따라 허가를 받은 사람이 다음 각 호의 어느 하나에 해당하면 그 허가를 취소하거나 해상교통안전에 장애가 되지 아니하도록 시정할 것을 명할 수 있다. 다만, 제3호에 해당하는 경우에는 그 허가를 취소하여야 한다.

  1. 항로나 정박지 등 해상교통 여건이 달라진 경우
  2. 허가 조건을 위반한 경우
  3. 거짓이나 그 밖의 부정한 방법으로 허가를 받은 경우

  ⑤ 제3항에 따른 허가에 필요한 사항은 대통령령으로 정한다.

제110조(과태료) ① ~ ② (생략)

③ 다음 각 호의 어느 하나에 해당하는 자에게는 300만 원 이하의 과태료를 부과한다.

1. ~ 12. (생략)

13. 제34조제3항을 위반하여 허가 없이 스킨다이빙, 스쿠버다이빙 등의 행위를 하거나 허가할 때에 붙인 조건을 위반한 자

14. 제34조제4항에 따른 시정명령을 위반한 자

15의6. ~ 25. (생략)

④ 제45조를 위반하여 선장의 전문적 판단을 방해하거나 간섭한 자에게는 200만 원 이하의 과태료를 부과한다.

⑤ 제1항부터 제4항까지의 규정에 따른 과태료는 대통령령으로 정하는 바에 따라 해양수산부장관, 해양경찰청장, 지방해양수산청장 또는 해양경찰서장이 부과·징수한다.

「해사안전법 시행령」

제10조(해상교통장애행위) ① 법 제34조제3항 본문에서 "대통령령으로 정하는 수역"이란 해상안전 및 해상교통 여건 등을 고려하여 해양경찰서장이 정하여 고시하는 수역을 말한다.

② 해양경찰서장은 제1항에 따른 수역을 정하여 고시하는 경우에는 해당 수역을 이용하는 사람이 보기 쉬운 장소에 그 사실을 게시하여야 한다.

③ 법 제34조제3항 본문에서 "스킨다이빙, 스쿠버다이빙, 윈드서핑 등 대통령령으로 정하는 행위"란 다음 각 호의 어느 하나에 해당하는 행위를 말한다. 다만, 선박 및 레저기구가 제1항의 수역을 통과하기 위하여 침로(針路)나 속력의 급격한 변경 등이 없이 다른 선박의 항행안전을 저해하지 않고 항행하는 경우는 제외한다.

1. 「수상레저안전법」 제2조제1호에 따른 수상레저활동
2. 「수중레저활동의 안전 및 활성화 등에 관한 법률」 제2조제2호에 따른 수중레저활동
3. 「마리나항만의 조성 및 관리 등에 관한 법률」 제2조제3호에 따른 마리나선박을 이용한 유람, 스포츠 또는 여가 행위
4. 「유선 및 도선 사업법」 제2조제1호에 따른 유선사업에 사용되는 선박을 이용한 고기잡이, 관광 또는 그 밖의 유락 행위

제11조(해양레저활동의 허가) ① 법 제34조제3항 단서에 따른 허가를 받으려는 사람은 구명설비 등 안전에 필요한 장비를 갖추고 해양수산부령으로 정하는 바에 따라 관할 해양경찰서장에게 허가신청서(전자문서로 된 신청서를 포함한다)를 제출하여야 한다.

② 해양경찰서장은 제1항에 따른 허가신청을 받은 경우에는 해상교통안전에
의 장애 여부 및 해상교통 여건을 종합적으로 고려하여 허가 여부를 결정
하여야 한다.

③ 해양경찰서장은 제2항에 따라 허가를 하는 경우에는 해양수산부령으로
정하는 허가서를 발급하여야 한다.

④ 제3항에 따라 허가를 받은 사람은 제10조제3항에 따른 행위를 하려면 그
허가서를 지녀야 하며, 해양경찰청 소속 공무원의 제시 요구가 있으면 이
에 따라야 한다.

⑤ 제4항에 따라 허가서 제시를 요구하는 공무원은 그 권한을 표시하는 증표
를 관계인에게 내보여야 한다.

제23조(과태료의 부과기준) 법 제110조에 따른 과태료의 부과기준은 별표 5와
같다.

과태료의 부과기준(제23조 관련)

1. 일반기준

가. 하나의 위반행위가 둘 이상의 과태료 부과기준에 해당하는 경우에는 그 중 금액이 큰 과태료 부과기준을 적용한다.

나. 위반행위의 횟수에 따른 과태의 가중된 부과기준은 최근 1년간 같은 위반행위로 과태료 부과처분을 받은 경우에 적용한다. 이 경우 기간의 계산은 위반행위에 대하여 과태료 부과처분을 받은 날과 그 처분 후 다시 같은 위반행위를 하여 적발된 날을 기준으로 한다.

다. 나목에 따라 가중된 부과처분을 하는 경우 가중처분의 적용 차수는 그 위반행위 전 부과처분 차수(나목에 따른 기간 내에 과태료 부과처분이 둘 이상 있었던 경우에는 높은 차수를 말한다)의 다음 차수로 한다.

라. 부과권자는 다음의 어느 하나에 해당하는 경우에는 제2호에 따른 과태료 금액의 2분의 1의 범위에서 그 금액을 줄일 수 있다. 다만, 과태료를 체납하고 있는 위반행위자의 경우에는 그러하지 아니하다.

1) 위반행위자가 「질서위반행위규제법 시행령」 제2조의2제1항 각 호의 어느 하나에 해당하는 경우

2) 위반행위가 사소한 부주의나 오류로 인한 것으로 인정되는 경우

3) 위반행위자의 법 위반상태를 시정하거나 해소하기 위한 노력이 인정되는 경우

4) 그 밖에 위반행위의 정도, 위반행위의 동기와 결과 등을 고려하여 그 금액을 줄일 필요가 있다고 인정되는 경우

2. 개별기준

(단위: 만 원)

위반행위	근거 법조문	과태료 금액		
		1차 위반	2차 위반	3차 이상 위반
가. ~ 파. (생략)				
하. 법 제34조제3항을 위반하여 허가 없이 스킨다이빙·스쿠버다이빙 등의 행위를 하거나 허가할 때에 붙인 조건을 위반한 경우	법 제110조 제3항제13호	90	150	300
거. 법 제34조제4항에 따른 시정명령을 위반한 경우	법 제110조 제3항제14호	90	150	300
너. ~ 우. (생략)				

「해사안전법 시행규칙」

제27조(해양레저활동의 허가신청) ① 법 제34조제3항 단서 및 영 제11조제1항에 따라 해양레저활동의 허가를 받으려는 자는 별지 제11호서식의 해양레저활동 허가 신청서(전자문서로 된 신청서를 포함한다)를 관할 해양경찰서장에게 제출하여야 한다.

② 해양경찰서장은 제1항에 따른 허가 신청이 적합하다고 인정하는 경우에는 신청인에게 별지 제12호서식의 해양레저활동 허가서를 발급하여야 한다.

해양레저활동 허가 신청서

※ 색상이 어두운 란은 신청인이 적지 않습니다.

접수 번호		접수일		처리기간	5일
신청 인	성명		생년월일 (법인등록 번호)		
	주소			(전화번호 :)	

활동 내용	목적	
	종류	
	기간	
	구역	
	참가자 인적사항 (단체인 경우만 해당 합니다)	
	비고	

「해사안전법」 제34조제3항 단서, 같은 법 시행령 제11조제1항 및 같은 법 시행
규칙 제27조제1항에 따라 위와 같이 해양레저활동의 허가를 신청합니다.

년   월   일

신청인   (서명 또는 인)

○○해양경찰서장   귀하

첨부 서류	없음	수수료 없 음

처리절차

신청서 작성	→	접 수	→	검토 및 확 인	→	결 재	→	허가서 교부
신청인		해양경찰서		해양경찰서		해양경찰서		해양경찰서

210mm×297mm[백상지(80g/㎡) 또는 중질지(80g/㎡)]

해양레저활동 허가서

신청인	
목적	
종류	
기간	
구역	
조건	

「해사안전법」제34조제3항 단서, 같은 법 시행령 제11조제3항 및 같은 법 시행규칙 제27조제2항에 따라 위와 같이 허가합니다.

년   월   일

○○해양경찰서장   직인

210mm×297mm[백상지(80g/㎡) 또는 중질지(80g/㎡)]

부록 7.

도로교통법령
요약

「도로교통법」

제39조(승차 또는 적재의 방법과 제한) ① 모든 차의 운전자는 승차 인원, 적재중
량 및 적재용량에 관하여 대통령령으로 정하는 운행상의 안전기준을 넘어서
승차시키거나 적재한 상태로 운전하여서는 아니 된다. 다만, 출발지를 관할하
는 경찰서장의 허가를 받은 경우에는 그러하지 아니하다.

② ~ ③ (생략)

④ 모든 차의 운전자는 운전 중 실은 화물이 떨어지지 아니하도록 덮개를 씌
우거나 묶는 등 확실하게 고정될 수 있도록 필요한 조치를 하여야 한다.

⑤ (생략)

⑥ 시·도경찰청장은 도로에서의 위험을 방지하고 교통의 안전과 원활한 소통
을 확보하기 위하여 필요하다고 인정하는 경우에는 차의 운전자에 대하여
승차 인원, 적재중량 또는 적재용량을 제한할 수 있다.

제93조(운전면허의 취소·정지) ① 시·도경찰청장은 운전면허(연습운전면허는 제외
한다. 이하 이 조에서 같다)를 받은 사람이 다음 각 호의 어느 하나에 해당하면 행
정안전부령으로 정하는 기준에 따라 운전면허(운전자가 받은 모든 범위의 운전면
허를 포함한다. 이하 이 조에서 같다)를 취소하거나 1년 이내의 범위에서 운전면허
의 효력을 정지시킬 수 있다. 다만, 제2호, 제3호, 제7호, 제8호, 제8호의2, 제9
호(정기 적성검사 기간이 지난 경우는 제외한다), 제14호, 제16호, 제17호, 제20호의
규정에 해당하는 경우에는 운전면허를 취소하여야 하고(제8호의2에 해당하는 경
우 취소하여야 하는 운전면허의 범위는 운전자가 거짓이나 그 밖의 부정한 수단으로 받
은 그 운전면허로 한정한다), 세18호의 규정에 해당하는 경우에는 정당한 사유가
없으면 관계 행정기관의 장의 요청에 따라 운전면허를 취소하거나 1년 이내의

범위에서 정지하여야 한다.

  1. ~ 18. (생략)

  18의2. 제39조제1항 또는 제4항을 위반하여 화물자동차를 운전한 경우

  19. ~ 20. (생략)

  ② ~ ④ (생략)

제139조(수수료) ① 다음 각 호의 어느 하나에 해당하는 사람은 행정안전부령으로 정하는 바에 따라 수수료를 내야 한다. 다만, 경찰청장 또는 시·도경찰청장이 제147조에 따라 업무를 대행하게 한 경우에는 그 업무를 대행하는 공단이 경찰청장의 승인을 받아 결정·공고하는 수수료를 공단에 내야 한다.

  1. ~ 2. (생략)

  3. 제39조에 따라 안전기준을 초과한 승차 허가 또는 적재 허가를 신청하는 사람

  4. ~ 11. (생략)

  ② (생략)

제156조(벌칙) 다음 각 호의 어느 하나에 해당하는 사람은 20만 원 이하의 벌금이나 구류 또는 과료에 처한다.

  1. 제39조제1항·제3항·제4항·제5항,

  2. ~ 4. (생략)

  5. 제39조제6항에 따른 시·도경찰청장의 제한을 위반한 사람

  6. ~ 13. (생략)

제160조(과태료) ① ~ ② (생략)

  ③ 제39조제4항을 위반한 사실이 사진, 비디오테이프나 그 밖의 영상기록매

체에 의하여 입증되고 다음 각 호의 어느 하나에 해당하는 경우에는 제56조제1항에 따른 고용주등에게 20만 원 이하의 과태료를 부과한다.

1. 위반행위를 한 운전자를 확인할 수 없어 제143조제1항에 따른 고지서를 발급할 수 없는 경우(제15조제3항, 제29조제4항·제5항, 제32조, 제33조 또는 제34조를 위반한 경우만 해당한다)
2. 제163조에 따라 범칙금 통고처분을 할 수 없는 경우

④ (생략)

「도로교통법 시행령」

제22조(운행상의 안전기준) 법 제39조제1항 본문에서 "대통령령으로 정하는 운행상의 안전기준"이란 다음 각 호를 말한다.

1. 자동차(고속버스 운송사업용 자동차 및 화물자동차는 제외한다)의 승차인원은 승차정원의 110퍼센트 이내일 것. 다만, 고속도로에서는 승차정원을 넘어서 운행할 수 없다.
2. 고속버스 운송사업용 자동차 및 화물자동차의 승차인원은 승차정원 이내일 것
3. 화물자동차의 적재중량은 구조 및 성능에 따르는 적재중량의 110퍼센트 이내일 것
4. 자동차(화물자동차, 이륜자동차 및 소형 3륜자동차만 해당한다)의 적재용량은 다음 각 목의 구분에 따른 기준을 넘지 아니할 것
   가. 길이: 자동차 길이에 그 길이의 10분의 1을 더한 길이. 다만, 이륜자동차는 그 승차장치의 길이 또는 적재장치의 길이에 30센티미터를 더한 길이를 말한다.
   나. 너비: 자동차의 후사경으로 뒤쪽을 확인할 수 있는 범위(후사경의 높이보다 화물을 낮게 적재한 경우에는 그 화물을, 후사경의 높이보다 화물을 높게 적재한 경우에는 뒤쪽을 확인할 수 있는 범위를 말한다)의 너비
   다. 높이: 화물자동차는 지상으로부터 4미터(도로구조의 보전과 통행의 안전에 지장이 없다고 인정하여 고시한 도로노선의 경우에는 4미터 20센티미터), 소형 3륜자동차는 지상으로부터 2미터 50센티미터, 이륜자동차는 지상으로부터 2미터의 높이

제23조(안전기준을 넘는 승차 및 적재의 허가) ① 경찰서장은 다음 각 호의 어느 하

나에 해당하는 경우에만 법 제39조제1항 단서에 따른 허가를 할 수 있다.

1. 전신·전화·전기공사, 수도공사, 제설작업, 그 밖에 공익을 위한 공사 또는 작업을 위하여 부득이 화물자동차의 승차정원을 넘어서 운행하려는 경우

2. 분할할 수 없어 제22조제3호 또는 제4호에 따른 기준을 적용할 수 없는 화물을 수송하는 경우

② 경찰서장은 제1항에 따른 허가를 할 때에는 안전운행상 필요한 조건을 붙일 수 있다.

제88조(과태료 부과 및 징수 절차 등) ① ~ ③ (생략)

④ 법 제160조에 따른 과태료의 부과기준은 별표 6과 같다. 다만, 법 제12조 제1항에 따른 어린이 보호구역(이하 "어린이보호구역"이라 한다) 및 법 제12조 의2제1항에 따른 노인·장애인 보호구역(이하 "노인·장애인보호구역"이라 한다) 에서 오전 8시부터 오후 8시까지 법 제5조, 제17조제3항 및 제32조부터 제34조까지의 규정 중 어느 하나를 위반한 경우 과태료의 부과기준은 별표 7과 같다.

⑤ ~ ⑨ (생략)

「도로교통법 시행령」 [별표 6]

<u>과태료의 부과기준</u>(제88조제4항 본문 관련)

위반행위 및 행위자	근거 법조문 (도로교통·법)	과태료 금액
1. ~6의2. (생략)		
6의3. 법 제39조제4항을 위반하여 운전 중 실은 화물이 떨어지지 않도록 덮개를 씌우거나 묶는 등 확실하게 고정될 수 있도록 필요한 조치를 하지 않은 차의 고용주등	제160조제3항	1) 승합자동차등: 6만 원 2) 승용자동차등: 5만 원 3) 이륜자동차등: 4만 원
7. ~20. (생략)		

비고

1. 위 표에서 "승합자동차등"이란 승합자동차, 4톤 초과 화물자동차, 특수자동차, 건설기계 및 노면전차를 말한다.

2. 위 표에서 "승용자동차등"이란 승용자동차 및 4톤 이하 화물자동차를 말한다.

3. 위 표에서 "이륜자동차등"이란 이륜자동차 및 원동기장치자전거(개인형 이동장치는 제외한다)를 말한다.

4. 위 표 제6호 및 제6호의2의 과태료 금액에서 괄호 안의 것은 같은 장소에서 2시간 이상 정차 또는 주차 위반을 하는 경우에 적용한다.

「도로교통법 시행규칙」

제26조(안전기준을 넘는 승차 및 적재의 허가신청) ① 영 제23조제1항에 따른 안전기준을 넘는 승차 및 적재의 허가신청은 별지 제5호서식의 안전기준초과승차·안전기준초과적재 허가신청서에 의한다.

② 경찰서장은 제1항에 따른 허가를 한 때에는 별지 제6호서식의 안전기준초과승차·안전기준초과적재 허가증을 교부하여야 한다.

③ 안전기준을 넘는 화물의 적재허가를 받은 사람은 그 길이 또는 폭의 양 끝에 너비 30센티미터, 길이 50센티미터 이상의 빨간 헝겊으로 된 표지를 달아야 한다. 다만, 밤에 운행하는 경우에는 반사체로 된 표지를 달아야 한다.

■ 도로교통법 시행규칙 [별지 제5호서식]

[ ] 안전기준 초과승차
[ ] 안전기준 초과적재   허가 신청서
[ ] 차로폭 초과차 통행

※ [   ]에는 해당되는 곳에 √표를 합니다.

접수번호	접수일자	처리기간 즉시 (도로관리청과 협의대상인 경우 10일)

신청인	성명		생년월일	
	주소			(전화번호 :)

운전면허		종		호	
자동차 종류	[ ] 승용 [ ] 승합 [ ] 화물 [ ] 특수 [ ] 건설기계 [ ] 기타		등록 시·도		
			번호		

초과 내용	적재 용량	길이 : cm + 초과 cm = 총 cm
		너비 : cm + 초과 cm = 총 cm
		높이 : cm + 초과 cm = 총 cm
	적재 중량	적재정량 : kg + 초과 kg = 총 kg
	승차 인원	승차정원 : 명 + 초과 명 = 총 명
	차의 너비	총 cm (차로폭 보다 cm 초과)
운행 기 간		. . .부터 . . . 까지 (일간)
운행 구 간	출발지	경유지	목적지

「도로교통법 시행규칙」 제17조제1항 및 제26조제1항에 따라 위와 같이 신청합니다.

년   월   일

신청인   (서명 또는 인)

○○ 경찰서장 귀하

첨부서류		
신청인 제출서류	없음(도로관리청과 협의대상인 경우 「도로법 시행규칙」 별지 제37호 서식)	수수료
담당 공무원 확인사항	자동차등록증	3,000원

행정정보 공동이용 동의서

본인은 이 건 업무처리와 관련하여 담당 공무원이 「전자정부법」 제36조에 따른 행정정보의 공동이용을 통하여 위의 담당 공무원 확인사항을 확인하는 것에 동의합니다. *동의하지 않는 경우에는 신청인이 직접 관련 서류를 제출하여야 합니다.

신청인   (서명 또는 인)

부록 8.

카약 클럽

① 낭만카약커(cafe.naver.com/bidarka)

- 소개: 투어링 카약, 서프스키 클럽
- 활동 장소: 부산 해운대 송정
- 회원수: 2,900여명

② 서울카약클럽(cafe.naver.com/seoulkayakclub)

- 소개: 투어링 카약, 서프스키 클럽
- 활동 장소: 서울
- 회원수: 310여명

③ 한강카약클럽(cafe.naver.com/hmkclub)

- 소개: 투어링 카약, 서프스키 클럽
- 활동 장소: 서울
- 회원수: 2,200여명

④ 더키타는 사람들(cafe.naver.com/dukies)

- 소개: 투어링 카약 클럽
- 활동 장소: 전국
- 회원수: 10,300여명

⑤ 올레카약(cafe.naver.com/ollekayak)

- 소개: 투어링 카약, 서프스키 클럽
- 활동 장소: 제주도 서귀포시
- 회원수: 600여명

⑥ 엑스트립카약클럽(cafe.naver.com/kayaktour)

- 소개: 투어링 카약 클럽
- 활동 장소: 전국
- 회원수: 5,500여명

⑦ 후지타카약클럽(cafe.daum.net/fujitakayak)

- 소개: 후지타 카약 클럽
- 활동 장소: 전국
- 회원수: 4,700여명

⑧ 거제카약클럽(cafe.naver.com/gkayak)

거제카약클럽

- 소개: 씨 카약, 서프스키 클럽
- 활동 장소: 경남 거제시
- 회원수: 250여명

⑨ 송강카누학교(www.paddler.co.kr)

- 소개: 카약 교육 및 수상스포츠 용품 판매
- 활동 장소: 강원도 인제군 인제읍 내린천